AF151169

Jan und Susanne von Wille
Werde, was du bist: Christus in dir

BOOKS on DEMAND

„Die Ehre Gottes ist der lebendige Mensch"

Irenäus von Lyon

Jan und Susanne von Wille

Werde, was du bist: Christus in dir

Wie Gottes Wesen in dir sichtbar wird

*Bibliografische Information der Deutschen Nationalbibliothek:
Die Deutsche Nationalbibliothek verzeichnet diese Publikation
in der Deutschen Nationalbibliografie; detaillierte bibliografische Daten sind im Internet über http://dnb.dnb.de abrufbar.*

Illustration: **Jan von Wille**

*Herstellung und Verlag: BoD – Books on Demand, Nor-
derstedt*

ISBN: 9783738643848

Inhaltsverzeichnis

„Ihr Lieben, wir sind schon Kinder Gottes. Was wir einmal
sein werden, ist jetzt noch nicht sichtbar. Aber wir wissen,
wenn es offenbar wird, werden wir Gott ähnlich sein; denn wir
werden ihn sehen, wie er wirklich ist.“
1. Johannes 3,2

Einleitung

*„Das Auge ist das Licht des Leibes. Ist dein Auge gesund,
wird dein ganzer Leib erleuchtet sein."* Matt. 6,22

Im Alter von 21 Jahren begann ich Gott intensiv zu suchen.
Die Frage nach Gott ließ mich nicht mehr los. Sie wurde zum
zentralen Thema. Ich suchte Gott überall, in Literatur, Kunst,
Philosophien, Natur...

Einmal lief ich voller Verzweiflung nachts in den Wald
und schrie: Gott, wo bist du? Ich bekam keine Antwort. Inspiriert durch manch spirituelles Buch besaß ich die Vorstellung,
dass Gott durch Visionen erscheinen müsse. Engelserschei-
nungen oder plötzliche Erleuchtungen. Ich wollte jedenfalls
nicht einfach durch rationale Erkenntnis Mitglied einer Religion werden.
Ich spürte, dass es nicht um ein Glaubensbekenntnis geht,
sondern um Begegnung. Aber irgendwie wollte dieser Funke
nicht überspringen. Verzweifelt packte ich einen Stuhl und
setzte mich auf eine Waldlichtung. Entschlossen und mit großer Ernsthaftigkeit sagte ich mir: Hier bleibe ich jetzt sitzen,
bis mir Gott begegnet.
In meinen Lieblingsbüchern fühlten sich solch heroische
Entschlüsse viel dramatischer an. Jetzt hockte ich hier auf meinem Stuhl und wartete...

Zäh verging die Zeit, nichts besonderes passierte. Keine
Engelsbegegnung, keine Trance, keine Erleuchtung.

Irgendwann bin ich eingeschlafen und wurde im Morgen-
grauen von einer blökenden Schafsherde geweckt. Ein Hirte
hatte seine Schafe genau auf mein Heiligtum, auf diese kleine
Lichtung im Wald geführt. Mein Körper schmerzte, ich war
müde, wütend und nicht gerade transzendent. Ich nahm meinen

Stuhl und brach das Projekt „Gottessuche" zunächst ab.

Einige Zeit später geschah etwas anderes. Unerwartet und unverhofft.

Ich saß in meinem Zimmer und kam auf die Idee, eine Kerze anzuzünden. Das war weder außergewöhnlich noch spektakulär. Vielleicht lag es daran, dass ich meine feste Vorstellung von dem, wie mir Gott begegnen sollte, aufgegeben hatte. Beim Kerzenschein sprach ich ein einfaches, stilles Gebet. Mit wenigen Worten drückte ich meine Sehnsucht nach Gott aus und ging schlafen.

Manchmal nenne ich das meine „Bekehrung", wobei es keine wirkliche Bekehrung war. Ich begegnete der Herrlichkeit des Lebens.

Obwohl mir keine übernatürliche Sinneseingebung widerfuhr, spürte ich am nächsten Morgen einen fast unwirklichen Frieden. Es fühlte sich an, als ob die Welt ein neues Vorzeichen bekommen hätte. Ich staunte darüber, dass ich existierte und dass es die Welt gab.

Diese Tage und Wochen haben mein Leben wohl am nachhaltigsten verändert. Es war, als würde man Kirchenfenster von außen betrachten. Matt, fast grau wirken sie. Betritt man aber die Kirche, lässt das Sonnenlicht die gleichen Fenster in aller Farbenpracht erstrahlen.

Wie dir dieses Buch helfen kann

In dem kurzen Zeitraum meiner Lebensgeschichte, von dem ich eben berichtete, habe ich Gott durch Jesus Christus kennengelernt.

Die ersten Jahre meiner Glaubensreise waren leidenschaftlich, aber auch pragmatisch.

Ich las die Bibel, beschäftigte mich mit der Person Jesu, verbrachte Stunden im Gebet, lernte Lieder auswendig und schloss mich einer Kirchengemeinde an. Einige meiner besten Freunde fanden ebenfalls den Weg zu Jesus. Gemeinsam gründeten wir einen Schülergebetskreis und suchten weitere Menschen, die sich nach Gott sehnten.

Aus dieser kleinen Gruppe entwickelte sich eine größere Jugendarbeit, die später Teil unserer Kirche wurde. Dankbar blicke ich auf diese etwas wilde und erfüllte Lebensphase zurück.

Nachfolge Christi bedeutete für mich, immer wieder darüber nachzudenken, was Jesus jetzt tun würde. Und damals gab es noch keine wwjd-Armbändchen (what-would-Jesus-do). Viele Jahre war mir dieser konkrete Ansatz eine große Hilfe.

Irgendwann ahnte ich aber, dass Nachfolge und spirituelle Reife eine weitere Dimension berührt. Die Frage, was Jesus tun würde, betraf meine Handlungen und Entscheidungen. Es stellte sich aber auch die Frage nach meinen Motiven. Was berührt und verändert mein Herz? Und dann spürte ich eine Sehnsucht nach dem, was Gott in mir individuell angelegt hat. Ich wollte nicht bloß eine Art „Taschenbuchausgabe von Jesus" sein. Gott hat mich als einzigartige Persönlichkeit geschaffen, mit der ich die Welt prägen darf.

Es begann eine abenteuerliche Entdeckungsreise, die mich kontinuierlich zum Kern meiner Person, zu meinem wahren Selbst führte. Zu meiner Identität in Gott.

Beginne mit deiner Identität – der Rest kommt von allein

Vor etwa 300 Jahren war Identität oder Herkunft keine Frage, sondern festgelegt. Man lebte in starren Ständen, war Handwerker, Landwirt, Soldat, Beamter, war katholisch oder protestantisch. Meistens wurde der elterliche Beruf übernommen. Familienstrukturen waren geordnet und eindeutig. Kurzum: Identität war vorgegeben. Das ist heute grundlegend anders. Wir genießen in fast allen Bereichen große Freiheiten. Das bedeutet aber auch, dass wir vieles individuell erwerben müssen. Was früher vorgegeben war, ist heute Aufgabe bzw.

Verantwortung. Auch die Frage deiner Identität.

Identität kann ich nicht selbst erfinden. Ich brauche ein Gegenüber. Deshalb sind gerade deine Kindheitsjahr entscheidend. Worte, die deine Eltern aussprachen oder vergaßen, prägen tief deine Kindheitsseele. Diese Prägung fand natürlich nicht nur in jungen Kindheitsjahren statt. Lehrer, Freunde, Idole, Bücher und Filme – die Prägung erreicht dich auf vielen Ebenen.

Identität ist nicht vollständig vorgegeben, sondern sie ist ein dynamischer Entwicklungsprozess, Aufgabe und Verantwortung. Das wird u. a. bei wichtigen Entscheidungen deutlich:

- Entspricht diese Entscheidung mir und meinen Werten?
- Bin ich das oder folge ich hier einfach anderen Meinungen und Bedürfnissen?
- Folge ich meinem Sicherheitsbedürfnis oder gehe ich mutig einen neuen Weg?

Die Frage nach der Identität unterscheidet uns auch vom Tier. Goldfische im Aquarium stellen sich nicht die Frage: Wer bin ich? Wasser, Glasscheibe, regelmäßige Fütterung und Geräusche der Wasserpumpe sind ihre Welt.

Für uns Menschen lautet die wichtigste Frage, die alles im Leben bestimmt:

Wer bin ich?

Da wir uns diese Frage nicht allzu oft stellen, klingt sie vielleicht abstrakt. Sie wird konkreter, wenn du sie emotional spürst. Denn dein Selbstbild prägt dein Selbstwertgefühl. Anders formuliert: „Wer bin ich?" ist die Frage nach deinem Selbstwertgefühl.

Wahrscheinlich kennst du auch unterschiedliche Tages-
formen. Mal bist du gut und stark drauf. Besonders wenn dein
Leben das widerspiegelt, was du von dir erwartest. An diesen
Tagen fühlst du dich wie ein Adler.

Es gibt aber auch Zeiten der Verwirrung. Du erlebst dich
nicht, wie du sein möchtest. Vielleicht bleibt beruflicher Erfolg
aus. Vielleicht klemmt eine deiner Beziehungen. Vielleicht
stößt du an charakterliche Grenzen. An solchen Tagen fühlst
du dich eher wie ein Suppenhuhn.

Es gibt so etwas wie einen inneren Kompass, der auf deine
wahre Identität hinweist. Dieser Kompass besteht im Wesentli-
chen aus einer einfachen Frage:

Auf welchen Ratgeber höre ich?

Dazu passt die Geschichte vom begnadeten Geigenspieler.

In einem spanischen Dorf lebte ein junger Mann, der von
Kindheit an das Geigenspiel liebte. Er war leidenschaftlich und
außergewöhnlich begabt, übte täglich viele Stunden. Eines
Tages begegnete er einem berühmten alten Meister. Der alte
Meister erkannte das große Potential und begann, den jungen
Mann zu unterrichten. Der junge Mann genoss die unzähligen
Stunden des gemeinsamen Geigenunterrichts. Irgendwann
verließ der junge Mann das Dorf und zog in eine große Stadt.
Er verlor den alten Meister aus den Augen und begann selbst
eine große Karriere als Geigenspieler. Nach einem ausverkauf-
ten, grandiosen Konzert feierten ihn die Zuhörer enthusiastisch
mit stehendem Applaus. Was für eine gelungene Darbietung.
Im Anschluss an das Konzert traf ein Freund den jungen Geigenspieler und war überrascht, wie müde und nachdenklich
dieser wirkte. „Warum freust du dich nicht? Du hast allen
Grund, stolz auf dich zu sein. Hast du nicht gesehen, wie alle
applaudiert und laut gerufen haben?"

„Ja", sagte der junge Geigenspieler. „Alle haben applaudiert. Nur mein alter Meister, der heute in ersten Reihe saß, hat
geschwiegen".

Auch wenn diese Erzählung mit einem negativen Akzent endet, hat sie mich sehr bewegt.

Wer ist der Zuschauer meines Lebens? Wer sitzt bei mir in der ersten Reihe? Von welcher Stimme lasse ich mich leiten?

Je länger ich über diese Fragen nachdachte, desto klarer wurde mir, dass die Antwort darauf mein Leben bestimmen würde. Was wäre, wenn ich immer tiefer spüren würde, wie Gott mich sieht? Was sagt die wichtigste Person im Universum über mich? Und wie kann ich diese Sichtweise in mein Herz aufnehmen?

Dieses Buch handelt von Gottes Sicht auf dein Leben. Es will dir helfen, dass du durch die Erkenntnis deiner Identität in Christus immer mehr „du selbst" wirst.

Das Angesicht Gottes leuchtet – Israels Urerfahrung

Wenn ein Baby zur Welt kommt, liegt es zunächst auf der Brust einer erschöpften, aber glücklichen Mutter. Oft steht auch der Vater am Bett. Was werden die Eltern tun? Sie lächeln. Die Grunderfahrung des Menschen heißt: Ich bin willkommen. Da gibt es Mutter und Vater, die mich lieben. Der „erste Gott" im Leben eines Menschen sind die Eltern. Das Baby wird gehalten und umarmt. Später genießt es Milch aus der Mutterbrust. Das sind weitere Urerfahrungen: Versorgung und Gnade. Mit diesen Erfahrungen beginnt unser Leben.

Eine zweite Geburt ist das Erwachen unseres spirituellen Lebens. Irgendwann erwacht unser Geist. Die Sehnsucht nach Gott. Und wie ein Baby lächelnde Eltern braucht, brauchen wir das leuchtende Angesicht Gottes, das sich über uns beugt und uns zuspricht: Herzlich willkommen!

Die Bibel berichtet von dieser Urerfahrung auch für ein ganzes Volk. Das geistliche Oberhaupt des Volkes Israels formuliert im sogenannten Aaronitischen Segen:
„Herr, lass leuchten dein Angesicht über uns und sei uns gnädig."

Das ist jene Gnadenerfahrung, die auch deine Identität, dein Selbst prägen will.
Auf dieser Grundlage entsteht im Laufe der Zeit Selbstvertrauen, Würde und Mut, deinen persönlichen Weg zu gehen. Es bildet sich sozusagen dein eigenes „Gesicht".

Ich bin fest davon überzeugt: Wenn du dich von dem Einen, der alles weiß und dich bedingungslos annimmt, vollkommen anschauen lässt, bist du unzerstörbar.
Und wenn du dich selbst in Gnade annehmen kannst, wirst du fähig, auch andere anzunehmen.

Die Christus-Identität

„Wer bist du?"
So lautet die erste Frage der Evangelien. Sie richtet sich an eine interessante Persönlichkeit: Johannes den Täufer.
Er ist der Mann, der Altes und Neues Testament verbindet. Bereits äußerlich war er spektakulär und auffällig. Jahrelang lebte er in der Wüste und ernährte sich von gebratenen Heuschrecken und Wurzeln. Gegenüber der korrupten Oberschicht war seine Kritik unmissverständlich. Menschen kamen aus allen Himmelsrichtungen, um ihm zuzuhören. Und sie hatten eine Frage: Wer bist du?
Bist du etwa der Messias?

Johannes verneinte. Ich bin nicht der Christus. Ich bin nicht der Retter. Ich bin nicht der, auf den ihr wartet. Aber er deutete an, dass er diesen Christus kennt und ihm den Weg bereitet.

Die Evangelien berichten anschließend von diesem Jesus Christus, von seinem Leben und Sterben. Nach seinem Tod versuchten die Menschen, die Geschehnisse zu verstehen und stellten viele Fragen.

Und nun beginnt es, interessant zu werden.

Paulus, ein Mann, der die frühe Entwicklung des Christentums maßgeblich prägte, lenkte diese Fragen in eine spezielle Richtung.

Auch er sagte: „Ich bin nicht Christus", aber er verwies nicht auf einen äußeren Ort, sondern sagte:

„Er ist ... in mir!"

Das ist die entscheidende Wende. Zur Zeit des Alten Testamentes war Gott „da draußen". Er war der gewaltige, heilige, aber auch entfernte Gott. Durch Christus wird offenbar, dass Gott nicht nur mit uns ist, sondern in uns lebt.

Paulus fasst sein geistliches Vermächtnis in folgendem Satz zusammen:

„Ich lebe jetzt nicht mehr mein eigenes Leben, sondern das Leben Christi, der in mir lebt." Gal. 2,20

Wenn diese Wahrheit nicht nur deinen Verstand, sondern auch deine Empfindungen, deine Vorstellungskraft und dein Herz erreicht, erkennst du, dass ein anderer in dir lebt. Du bist Teil eines viel größeren Geheimnisses. Du bist wie ein Tropfen im großen Meer. Was im Meer geschieht, passiert auch dir.

Obwohl ich dies schon verschiedentlich gehört hatte, wurde mir die Tragweite erst später bewusst.

Viele Jahre dachte ich etwa so:

Da ist Gott und hier bin ich. Mit Gott habe ich jemanden, mit dem ich reden kann, der mich begleitet und mir hilft. Und das stimmt auch. Aber die Botschaft des Neuen Testamentes geht darüber hinaus. Die Wende meines Lebens kam mit der Offenbarung:

„Dieser Gott ist in mich hineingekommen."

Das heißt, sein Wesen, seine Charaktereigenschaften sind jetzt auch meine Eigenschaften! Sein Leben ist mein Leben und sein Wesen ist mein Wesen.

„Durch Christus ist die Identität Gottes zu meiner Identität geworden."

Deshalb formuliert Paulus in seinen Briefen immer wieder, dass wir Heilige sind, Erben, Gottes Kinder, Erlöste... Das alles sind Umschreibungen der einen großen Wahrheit:

Christus in dir.

Die zwei Wege

Wenn du dieses Buch in der Hand hältst, nehme ich an, dass dich tiefe Sehnsucht nach Gottes Gegenwart leitet. Ich hoffe, meine Einsichten und Erlebnisse inspirieren dich auf diesem Weg. Nachhaltige Veränderungen habe ich durch einen zweifachen Weg erlebt. Am Ende ging es immer um Wachstum der Liebe. Liebe zu Gott, zu anderen Menschen und mir selbst.
Diese beiden Wege sehen oberflächlich betrachtet unterschiedlich, fast widersprüchlich aus.

Teil 1 handelt von deiner Identität in Christus. Je klarer du diese erkennen und verinnerlichen kannst, desto größere Kraft wird in dir freigesetzt. Ich empfehle dir, diese Wahrheit immer wieder betend anzuschauen und auf deinen Geist wirken zu lassen. Vertraue der Offenbarungskraft des Heiligen Geistes. Dabei schlage ich einige praktische Übungen für den Alltag vor. Es sind jedoch keine bloßen Aufgaben. Denn sie entfalten ihre Wirkung erst, wenn du die Übung mit deiner wachsenden Identität in Christus verbindest.

Wenn du in Übereinstimmung mit deinem wahren Selbst handelst, vertieft sich deine Erkenntnis.

Diese Wechselwirkung ist wichtig. Verstärkt sich das Gespür für deine Identität in Christus, wird dein Handeln beeinflusst. Beides bedingt und verstärkt sich gegenseitig.

Wir denken uns nicht in ein neues Leben hinein, sondern leben uns in ein neues Denken hinein.

Teil 2 mag sich zunächst widersprüchlich anhören, denn hier geht es nicht um Klarheit und Zuspruch, sondern um „Nichtwissen". Es geht um Ungewissheit und die ungelösten Fragen an das Leben. Und es geht um die Erweiterung deines Gottesbildes.

Das klingt nicht gerade nach Anfeuerung, ist aber unverzichtbar. Deine Identität in Christus reift nicht nur durch angenehmen Zuspruch oder Erfolg. Du musst auch die Schattenseiten annehmen können, ansonsten bleibt dein spirituelles Leben oberflächlich und kraftlos.

Lässt du dich auf beide Wege ein, wächst Hoffnung. Hoffnung macht stark und ist untrennbar mit deiner Lebenskraft verwoben. Gemeinsam mit Sehnsucht bildet sie die große Kraft deines Lebens. Du brauchst Hoffnung, weil du noch im Werden bist. So wie die ganze Schöpfung ein unvollendetes Kunstwerk ist und sich beständig weiter entwickelt, hast auch du eine Zukunft vor dir, die du weder voraussehen noch im Detail planen kannst.

Diese Reise ist abenteuerlich, sie kostet Mut und Zeit. Deine Lebenszeit. Ich lade dich mit diesem Buch dazu ein, dich für einige Wochen intensiver mit dem zu beschäftigen, was Gott in dir als „Selbst" angelegt hat. Du kannst es „Selbst", „Herz" oder „Identität" nennen, das ist nicht entscheidend. Da es etwas ist, das für die Ewigkeit bestimmt ist, haben wir es mit einer Langzeitperspektive zu tun.

Margery Williams schreibt zu dieser Formung in ihrem Kinderbuch „Der kleine Kuschelhase oder wie die Dinge wirklich werden" sehr berührende Worte:

„Was ist das: wirklich?" fragte der kleine Hase eines Tages. „Geschieht das auf einmal, wie beim Aufziehen, oder nach und nach?" Und das Spielzeugpferd antwortete: „Nein, nicht auf einmal, es dauert lange, bist du wirklich bist. Deshalb passiert es denen so selten, die leicht zerbrechlich sind oder scharfe Kanten haben oder ganz vorsichtig angefasst werden müssen. Man kann sagen, dass dann, wenn du wirklich geworden bist, fast alle deine Haare weggeliebt sind. Und dass deine Augen herausgefallen sind und du ganz ausgeleiert und ziemlich schäbig bist. Aber das macht dir dann überhaupt nichts aus. Denn wenn du erst wirklich bist, kannst du nie hässlich sein, außer für Leute, die gar keine Ahnung haben."

Ich wünsche dir die Kraft der Hoffnung und eine wachsende Leidenschaft nach der Gegenwart Gottes. Ich hoffe, dass dir dieses Buch helfen kann, den Fingerabdruck des Heiligen Geistes überall an dir zu finden.

ERSTER TEIL

„Die Liebe ist langmütig und freundlich, die Liebe eifert nicht, die Liebe treibt nicht Mutwillen, sie bläht sich nicht auf, sie verhält sich nicht ungehörig, sie sucht nicht das Ihre, sie lässt sich nicht erbittern, sie rechnet das Böse nicht zu."
1. Kor. 13,4-5

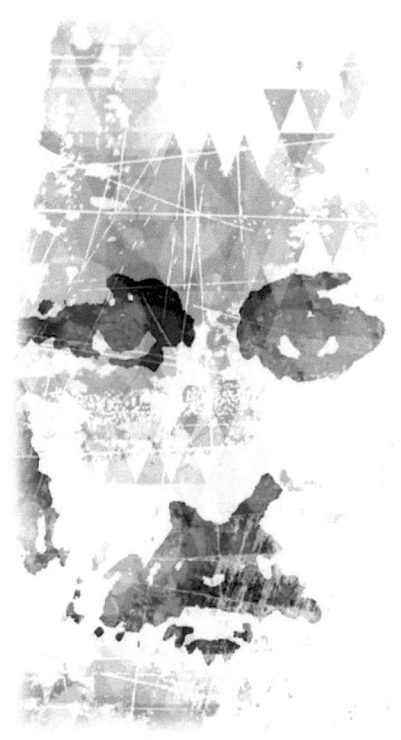

1. Dein göttliches Portrait: Liebe

Als Jugendlicher reiste ich mit Freunden häufig ins europäische Ausland. Damals gab es an den Grenzen noch Passkontrollen. Mein Kleidungsstil, meine Frisur und meine ganze Ausstrahlung waren zu dieser Zeit ziemlich extravagant. Und auch das Foto meines Reisepasses sah wenig vertrauenswürdig aus. Ich fand das damals äußerst cool und auch meine Freunde waren angetan.

Das galt allerdings nicht für Zollbeamte. Ich wurde oft untersucht und wirkte offenbar verdächtig. Mein Äußeres löste also unterschiedliche Reaktionen aus.

Auch wenn ich heute mit 52 Jahren recht zivilisiert aussehe, ist meine Wirkung auf die Umwelt immer noch unterschiedlich.

Manche halten mich für einen freundlichen, verbindlichen Mensch. Andere empfinden mich als stur und unnachgiebig. Manche nehmen meine offene Seite, andere die verschlossene Seite wahr. Für manche gelte ich als gutaussehend (zum Glück bei meiner Frau), andere empfinden mich als weniger attraktiv.

Wer bin ich – in meinen Augen, in Gottes Augen, in den Augen anderer Menschen? Diese Frage prägt die vielen kleinen und großen Entscheidungen meines Lebens.

Und egal, wie andere Menschen dich wahrnehmen, wichtig ist die Frage, wie du dich selbst wahrnimmst und welches Bild du von dir hast.

Je klarer ich weiß, wer ich bin, desto kraftvoller und natürlicher wird mein Leben. Im ersten Johannesbrief habe ich eine gewaltige Aussage gefunden:

> *"Meine Lieben, wir sind schon Gottes Kinder; es ist aber noch nicht offenbar geworden, was wir sein werden. Wir wissen aber: wenn es offenbar wird, werden wir ihm gleich sein; denn wir werden ihn sehen, wie er ist."*
> 1. Johannes 3,2

Hier wird eine zentrale Wahrheit des Glaubens ausgedrückt:

Meine Identität, mein wahres Selbst ist ein Geschenk Gottes. Sie wird geboren und entwickelt sich, indem ich mich immer klarer aus Gottes Perspektive sehe.

Allgemein lehrt man, dass Gott unseren Charakter formen will und daraus Heiligung entsteht. Wir versuchen, so gut es eben geht, Jesus zu imitieren. Dabei folgen wir biblischen Berichten und unseren eigenen inneren Bildern und Interpretation, wie Jesus gewesen sein mag. Das ist gut, aber nicht das Beste!

Denn es geht nicht um Nachahmung, sondern Entfaltung. Wenn die Bibel von Neu- oder Wiedergeburt spricht, ist damit das Erwachen unserer wahren Identität gemeint. Dieses Erwachen führt zu einer neuen Sichtweise, zu einem veränderten Verhalten und prägt damit unseren Charakter.

Diese Charakterprägung wird in der Bibel auch als *„Frucht des Geistes"* genannt.

Die Frucht des Geistes versus unser Ego

In den folgenden Kapiteln stelle ich die „Frucht des Geistes", also die neue Identität in Christus, dem alten Bild des Egos gegenüber.

Unser Ego wird geprägt durch Erfahrungen, durch unser Selbstbild, die Erwartungen anderer Menschen und vielfach auch durch Wunden und Verluste.

Im Galaterbrief beschreibt Paulus unser wahres Selbst. Lehn dich einfach mal zurück und genieße die Beschreibung deiner Person:

> *„Die Frucht, die der Geist in uns wachsen lässt, ist: Liebe, Freude, Frieden, Geduld, Freundlichkeit, Güte, Treue, Sanftmut und Selbstbeherrschung."*
> Galater 5,22

Das ist keine Beschreibung von dem, was wir versuchen zu sein, sondern unser wahres Selbst!

Du bist eine freudige, liebevolle, geduldige, gütige ... Person!

Ich kann deine spontane Reaktion auf diese Aussage schon ahnen: „Da kennst du mich aber schlecht!". Auch wenn das sicherlich zutrifft, weiß ich, was Gott über dich aussagt:

> *„Du bist mein Kind, du bist mir wesensverwandt. Du bist geschaffen in mein Bild hinein, aus meinem Geist geboren."*

Das bist du!

Leider handeln wir selten aus unserem wahren Selbst heraus. Die Bibel nennt das den alten Menschen. Der Mensch, der durch viele Wunden, Enttäuschungen und Gebrochenheit im Ego gefangen ist.

Dieses Ego kennen wir nur zu gut und es ist uns oft gewohnter, als Gottes Sicht.

Aber das ist nicht das, was du wirklich bist!

Wenn du dich immer mehr so wahrnimmst, wie Gott dich sieht, werden wunderbare Veränderungen folgen. Dein Selbstbild, Verhalten und deine Gefühle werden gesund und du lebst mehr und mehr in Übereinstimmung mit deinem wahren Selbst. Das setzt enorme Energie frei.

In diesem Buch stelle ich jeweils eine Eigenschaft deines wahren Selbst der „alten" Eigenschaft gegenüber.

Der Unterschied und seine Folgen werden dadurch klarer. Durch die Wirkung des neuen Selbstbildes wirst du immer mehr Erneuerung erfahren.

Der Egoist

Beginnen wir mit dem Egoisten.

Der Egoist hat ein Lebensmotto:

Ich bin das Zentrum.

Sein Handeln und Denken wird geleitet von einer zentralen Frage:

Was nutzt es mir, was bringt mich meinen Wünschen und Zielen näher?

Diese Menschen brauchen natürlich auch Beziehungen, also andere Menschen. Aber sie sind eher Werkzeuge. Egoisten benutzen Beziehungen, um ihr eigenes Ego zu stärken. Vielleicht nennen Egoisten das sogar Liebe, aber letztlich ernähren sie sich nur selbst.

In der Ehe wird das natürlich sehr deutlich. Ich habe mit vielen Ehepaaren gesprochen, die sich in einer ernsthaften Krise befinden. Auch wenn jede Ehe einzigartig ist, gibt es doch immer wiederkehrende Muster. Die Probleme sind oft ähnlich.

Das ist keine Überraschung, denn es gibt keinen vergleichbaren Ort wie eine Ehe. Hier stoße ich unausweichlich an meine persönlichen Grenzen. Andere Menschen kann ich irgendwie auf Abstand halten. Aber mein Ehepartner ist dauerhaft nah. Diese Nähe führt zwangsläufig zu meinen Engpässen und Wunden.

Dabei sind die meisten Eheprobleme gar nicht das Problem einer Ehe. Vielfach ist es mein persönliches Problem. Ein Problem, dass ich in mir trage und in der Ehe aktiviert, sichtbar und manchmal verstärkt wird.

Das Ego kann diesen Schmerz und diese Verunsicherung nicht aushalten und flieht.

Das hört sich dann so an:

„Es ist nicht der richtige Partner."
„Wir passen doch nicht zusammen."
„Die Liebe ist verloren gegangen."

Solche Sätze gehen leicht über die Lippen. Recht schnell geht man auf die Suche nach einem anderen, „richtigeren" Partner. Dadurch verpasst man die Möglichkeit zur Heilung.

Die Welt des Egoisten wird durch Fluchtreaktionen immer kleiner.

Es gibt kaum etwas Traurigeres als in einer kleinen Welt zu leben, in der man der Mittelpunkt ist.

Niemand kann ständig im Zentrum stehen, Aufmerksamkeit erhalten und gelobt werden. Das kann man auch bei Facebook und anderen sozialen Netzwerken beobachten. Der stetige Blick auf die Reaktionen auf meine Mitteilungen bewirkt, dass ich mich übertrieben positiv oder erfolgreich darstelle, um von den anderen wahrgenommen zu werden. Wenn es mir dann in den Fingern juckt und ich mein Facebook-Profil checke, während ich gerade mit einem Freund spreche, ist der anderer nur noch da, um mein Ego zu befriedigen. Es ist kein Ausdruck von Liebe, wenn eine Beziehung auf dieses Niveau herabgesunken ist und ich durch die andere Person primär Befriedigung meiner Bedürfnisse erhoffe.

Die Frucht des Geistes, die den Egoisten in uns erlöst heißt:

Liebe

Atme gerade jetzt einmal ganz bewusst ein und achte darauf, wie viel Luft da ist, voll vom lebensspendenden Sauerstoff, der freigiebig von Bäumen und anderen Pflanzen verschenkt wird. Du kannst die Luft nicht sehen, aber sie ist immer für dich da.

Liebe kann mit der Luft verglichen werden. Sie ist vielleicht kaum zu sehen, aber sie ist in dir und überall um dich.

Im Druck des Lebens, im Umgang mit Schwierigkeiten in persönlichen Beziehungen und anderen Konflikten, ist es leicht, die Liebe aus den Augen zu verlieren. Aber in Wirklichkeit ist das tägliche Leben durchdrungen von Gottes Gegenwart – die sich primär durch Liebe zeigt.

Komme nach Hause zur Liebe!

Im neuen Testament gibt es einen wunderbaren Satz:

„Gott ist Liebe, und wer in der Liebe bleibt, bleibt in Gott und Gott bleibt in ihm." 1. Johannes 4,16

Liebe ist nicht nur eine Eigenschaft Gottes, sondern er ist Liebe in sich selbst. Die Liebe hat ihren Ursprung in seinem Wesen.

In Gott sein bedeutet also in der Liebe nach Hause kommen. Das wird dir Energie geben und dich schützen, selbst dann, wenn du anderen klar entgegentreten musst. Versuche, die Liebe auch in anderen Menschen zu sehen und darauf zu vertrauen, selbst dann, wenn sie versteckt ist oder sich in problematischer Weise zeigt. Fühle die Tatsache dieser Liebe, auch dann, wenn diese vollkommene Liebe durch einen unvollkommenen Menschen fließt.

Spüre die Wirklichkeit der Liebe Gottes in deinem Leben.

Sei dir bewusst, dass du liebst. Schau auf dein Leben zurück und achte auf einige der vielen Momente, als Liebe in deinem Herzen war – ausgedrückt in der einen oder anderen Weise, einschließlich Großzügigkeit, Freundlichkeit, Geduld, Teamarbeit, Selbstbeschränkung, Zuneigung und Fürsorge.

Stell dir selbst Fragen wie:

Was ist mir als liebender Mensch wichtig? Als jemand, der liebt, was ist hier zu tun?

Erinnere dich daran, dass du stark sein kannst oder auch, wenn notwendig, anderen entgegentreten und gleichzeitig in der Liebe bzw. einer ihrer Ausdrucksformen (z. B. Empathie, Wohlwollen, Geduld...) zentriert bleiben kannst. Was geschieht, wenn du sozusagen aus einem liebenden Ort in dir für dich einstehst?

Über Liebe ist schon viel gesagt, geschrieben und gesungen worden. Ich möchte dir hier noch eine weitere, recht einfache Definition von Liebe anbieten:

Liebe ist, wenn ich mich entscheide, das Beste für den andern zu suchen.

Das ist Liebe. Ich treffe eine Wahl für das Wohl des andern. Es ist eine Entscheidung und eine Handlung!

Das Spannende daran ist: Diese Frucht, diese Kraft der Liebe ist in unserem Inneren bereits angelegt. Sie ist durch Gottes Geist in unser Herz hineingelegt.

Und diese neue Natur wird aktiviert und freigesetzt durch deine Entscheidung!

Es beginnt mit der Erkenntnis: Ich bin eine liebevolle Person. Und immer dann, wenn ich in meinen Handlungen Liebe wähle, komme ich in Kontakt mit meinem tiefsten und wahren Selbst. Durch eine solche Entscheidung wird die Kraft des Geistes in uns freigesetzt.

Übrigens findet Liebe immer Wege sich auszudrücken. Probiere es aus und du wirst staunen. Dadurch beginnt der geistliche Geburtsprozess, von dem Johannes redet.

Praxis

Ich will dir drei einfache, praktische Tipps geben, mit denen du deine neue Natur aktivieren kannst:

1. Lächeln

Es ist erstaunlich, wie wenig Aufwand nötig ist, um Menschen positiv zu berühren. Ein freundlicher Blick in das Gesicht eines anderen Menschen geht direkt in das Herz des Gegenübers.

Vielleicht sagst du jetzt: Mir ist aber nicht immer nach Lächeln zumute. So geht es mir auch.

Aber erinnere dich an die vielen Studien, die die positiven Folgen von Lächeln und Emotionen aufzeigen. Wenn du lächelst, wird es dir selber besser gehen. Wenn ein anderer Mensch dein Lächeln wahrnimmt, wird es ihm besser gehen. Vielleicht wird auch er lächeln und andere Menschen anstecken usw. Das ist der berühmte Schneeballeffekt und geschieht von selbst. Dafür sind die „Spiegelneuronen" verantwortlich. Was wir im Außen wahrnehmen, wird in uns innen reproduziert. Dein Lächeln war ein kleiner Dominostein, der dein Umfeld in Bewegung gebracht hat. In diesem Sinne warst du ein „Licht in dieser Welt."

2. Mach Komplimente

Damit meine ich nicht, zu schleimen. Versuche, einen Menschen bewusst anzuschauen und ihm eine Sache zu sagen, die du an ihm oder ihr gut findest. Jeder Mensch hat etwas Schönes an sich. Wenn du das erkennst und ausdrückst, dann löst das Dopamin in dieser Person aus. Du wirst das sofort merken, denn diese Reaktion löst auch in dir Dopamin aus. Dopamin ist ein Glückshormon. Und es geht noch weiter: Dieser Mensch wird sich durch dein Kompliment seiner schönen Anteile bewusst werden und dieses neue Bewusstsein an andere Menschen weitergeben. Auch das setzt sich dann fort und löst wiederum einen Domino-Effekt aus.

Also: Drücke jeden Tag mindestens einem Menschen etwas Positives aus.

3. Tue Gutes.

Das ist nun wirklich keine Neuerkenntnis. Aber die Praxis hat es in sich. Überlege, wo du jemanden praktisch Gutes tun kannst. Ob handwerkliche Hilfe, eine Dienstleistung oder ein Geschenk. Das ist immer Wertschätzung. Wenn Liebe auf diese Weise praktisch wird, hat sie Kraft.

Das Schöne ist: Sie wirkt wie ein Bumerang. Du machst durch kleine Aktionen die Welt um dich herum schöner und freundlicher. Gleichzeitig wächst du in deiner göttlichen Identität. Dein Verhalten stimmt mit deinem inneren, verborgenen Sein überein und beides verstärkt sich gegenseitig.

Weitere Impulse und Inspirationen findest du unter
www.Werdewasdubist.info

Liebe

Im Herzen von der Liebe Träumende
irren wir, durch den nebligen Schleier diese
Welt
Verfolgt und angeklagt von allen Seiten
Dennoch geführt durch den Hauch einer Stimme
elend, verraten und verdurstet
Bis ins Mark getroffen und verwundet
zuzeiten bis auf die Grundfesten erschüttert,
Um zu sehen, was am Ende übrigbleibt
niemand kann es rauben und kein Feuer
verbrennen:

Was Gottes Liebe in uns formte
Geprüft und geläutert im Schmelzofen des
Lebens,
der Grund unseres Daseins,
das Gold des Lebens.

Susanne von Wille

„Freuet euch in dem Herrn allezeit, und abermals sage ich: Freuet euch!"
Phil. 4,4

2. Dein göttliches Portrait: Freude

Das Neue Testament berichtet weitgehend über Jesus Christus. Sein Wesen, seine Mission, seine Reden und sein Handeln. Aber es gibt natürlich auch andere Themen.

Ein zentrales bist Du.

Die oder der Geliebte Gottes.

Du stehst zwar nicht namentlich in der Bibel. Dafür werden aber beispielhaft Personen vorgestellt. Das gleicht einer Schulstunde, in der ein Lehrer einen Schüler nach vorne an die Tafel bittet und dadurch die gesamte Klasse anspricht. Die Bibel ist keine Schulstunde, sie lehrt auch keine Theorie. Sie stellt Menschen vor – aus Gottes Sicht. Das wird auch unser nächster Aspekt sein.

Wie sieht Gott dich?

Je klarer ich dieses Bild, diese Perspektive in mir trage, desto natürlicher und tiefgreifender wird sich mein Charakter verändern. Gott lädt dich ein, diese Person kennen und lieben zu lernen. Identifiziere dich mit deinem wahren Selbst.

Lass die Beschreibung deiner Person noch einmal auf dich wirken:

Die Frucht, die der Geist in uns wachsen lässt, ist: Liebe, Freude, Frieden, Geduld, Freundlichkeit, Güte, Treue, Sanftmut und Selbstbeherrschung." Galater 5,22

Das ist keine theoretische Beschreibung oder ein Auftrag. Es beschreibt deine Identität in Gott.

Wenn du dieses Selbstbild verinnerlichst, wird dein Verhalten entsprechend geprägt. Solltest du in das Verhalten des alten Egos zurückfallen, wird dich der Geist Gottes sanft, aber bestimmt daran erinnern:

„Hey, das bist nicht du! Du lebst unter deinen Möglichkeiten! Das ist nicht deine wahre Identität!"

Nun geht es um den zweiten Aspekt unserer Identität in Gott:

Freude!

Zunächst beschreibe ich das Wesen des alten, also unerlösten Egos. Geprägt von Wunden der Vergangenheit ist es verformt.

Ich nenne diese Verformung

„Opfermentalität".

Menschen mit diesem Selbstbild empfinden sich als Opfer der Umstände.
Oder sie sehen sich als Gefangene ihrer eigenen Vergangenheit.

Das Opfer

Unsere Gesellschaft fördert dieses Denken. Wenn du primär das Ergebnis deiner Vergangenheit bist, kannst du nicht zur Verantwortung gezogen werden.
Manchmal erfahren wir von Strafgerichtsurteilen, bei denen Täter freigesprochen werden, weil sie scheinbar nicht verantwortlich sind. Ihre Biografie und eine akute Krisen haben sie zu Straftätern gemacht. Ihnen wird Schuldunfähigkeit zugebilligt. Beachten wir die Grundaussagen dieser „Freisprüche".

„Aus dir konnte eigentlich nur ein Straftäter werden. Du bist nicht zurechnungsfähig, denn deine Vergangenheit hat dich unausweichlich beeinflusst. Du kannst gar keine Verantwortung übernehmen."

Das führt zur tiefsten Hoffnungslosigkeit.
Wenn uns unsere Vergangenheit bestimmt, haben wir keine Hoffnung. Denn die Vergangenheit können wir nicht mehr ändern.

Natürlich hat die Vergangenheit einen starken Einfluss auf uns. Es gibt Erlebnisse, die tiefe Wunden schlagen.
Aber die gute Nachricht des Evangeliums heißt: Du wirst nicht bestimmt durch deine Vergangenheit! Der Geist Gottes kann den Einfluss deiner Vergangenheit lösen. Er befreit von der Gefangenschaft der Vergangenheit.
Dabei bleibt Gott aber nicht stehen. Dinge, die in der Vergangenheit zerstört und gefangen hielten, kann er zu deinem Vorteil nutzen. Das ist Evangelium, das ist gute Nachricht!

Im Alter von 40 Jahren habe ich mich mit meinem familiären Stammbaum beschäftigt.

Ich kann unsere Ahnenlinie sechs Generationen zurückverfolgen. Unter meinen Vorfahren gab es einige Kunstmaler, Juristen und Mediziner. Teilweise originelle Typen, aber auch dunkle Gestalten. Als ich bei einem geheimen Kriegsrat angekommen war, habe ich die Forschung eingestellt.

Zeitgleich habe ich mich mit meinem Elternhaus beschäftigt. Unsere leibliche Mutter starb bei der Geburt der jüngsten Tochter. Mein Vater war nach diesem Schicksalsschlag, der ihn mit fünf Kleinkindern allein ließ, völlig überfordert. Wir Kinder kamen in ein Kinderheim.
Diese schweren Jahre haben Spuren hinterlassen. Ich erinnere mich gut an ein besonderes Vater-Sohn-Gespräch.

Mein Vater erzählte von vielen seiner Träume, die nie in Erfüllung gingen. Gleichzeitig konnte er aber auch von Momenten berichten, in denen er glücklich und zufrieden war.

Ein Mensch mit Opfermentalität nimmt diese Momente nicht wahr. Er wird von seiner enttäuschenden Vergangenheit dominiert. Deshalb beruht seine Hoffnung auf der Zukunft. Die soll ihm alles erfüllen, was er bisher vermisst hat. Leider trifft das selten ein.
Vor allem aber ist man damit vom Leben im Jetzt und Hier abgeschnitten.

Opfermentalität ist bereits an der Sprache erkennbar:

„Wenn ich einmal genug Geld habe..."
„Wenn ich den richtigen Partner gefunden habe..."
„Wenn ich eine andere Arbeit hätte..."

Oder auch:
„Ich kann nicht glücklich sein bis ich ... (den richtigen Partner/die richtige Arbeit/das passende Umfeld etc.) gefunden habe."

So überlässt man die Chance auf Glück anderen Menschen oder den Umständen. Doch damit nicht genug, Beziehungen werden dadurch enorm belastet.
Auf Dauer sind Menschen mit Opfermentalität innerlich isoliert. Typisch sind Gefühle wie Neid, Undankbarkeit und Frustration.

Die Frucht des Geistes, die Opfermentalität erlöst, ist:

Freude

„Freude ist nicht das Ergebnis unserer Umstände, sondern die Linse, durch die ich meine Umstände sehe."

Kennst du folgende oder ähnliche Situationen?

Du fährst auf der Autobahn und vergisst dein Tempo. Die Straße ist ausnahmsweise frei und es fährt sich herrlich leicht. Plötzlich taucht im Rückspiegel ein Blaulicht auf. Oh Schreck, die Polizei. Das Polizeiauto überholt und du liest die Warnleuchte: „Bitte folgen". Adrenalin schießt in deinen Blutkreislauf und intensive Gefühle entstehen:

- Ärger – die anderen sind auch zu schnell gefahren, warum ICH?
- Angst – wie hoch wird die Geldbuße sein? Wie sag ich es meiner Frau?
- (Dankbarkeit – dass ich keinen christlichen Aufkleber habe...)

Du bremst langsam ab und fährst rechts auf dem Parkplatz. Und die Polizei – fährt einfach weiter!

Welche Gefühle hast du in diesem Moment?

Erleichterung, Heiterkeit, Staunen...

Nun die Frage: Hatte die Polizei dich im Visier? Wahrscheinlich nicht. Doch solange du das glaubtest, dominierten Gefühle wie Angst, Ärger, Scham... Als deine Wahrnehmung sich änderte, veränderten sich auch deine Gefühle.

Dieses Beispiel illustriert eine sehr grundlegende Wahrheit:

Worauf du deine Aufmerksamkeit lenkst, löst in dir entsprechende Gedanken und Gefühle aus.

Ob ich die Welt als einen Platz voller Angst oder voller Freude und guter Gefühle wahrnehme, liegt daran, *worauf ich mich konzentriere*. Welche Bilder ich in meinem Kopf entstehen lasse. Und jedes Gefühl bringt eine bestimmte Energie mit sich.

Was viel Aufmerksamkeit bekommt, das wächst.

Eine kraftvolle Haltung ist der Blick auf das, wofür wir *dankbar* sein können.

„Freude bedeutet nicht, alles zu haben was ich mir wünsche, sondern dankbar für das zu sein, was ich bereits habe."

Dankbarkeit ist eine Liebeserklärung an das Leben. Egal, in welcher Schwierigkeit du gerade steckst. Du kannst immer für das Schöne und Angenehme im Leben dankbar sein.

Voraussetzung ist die Konzentration auf die Gegenwart. Auf das, was jetzt ist. Du spekulierst weniger. Das erleichtert wiederum Dankbarkeit. Dank wirkt sich heilend auf festsitzende, destruktive Gefühle aus.

Eine dankbare Grundhaltung kann sogar das Entstehen von destruktiven Gedanken und Gefühlen verhindern. Denn du kannst nicht gleichzeitig dankbar und enttäuscht sein. Dankbarkeit verändert deine Wahrnehmung. Sie lenkt deinen Blick auf das Positive. Und dafür kannst du wiederum dankbar sein.

Du bist dort, wo deine Gedanken sind. Sieh zu, dass deine Gedanken dort sind, wo du sein möchtest.
(Rabbi Nachmann).

Am besten lenkst du deine Gedanken gleich am Morgen, vor dem Aufstehen, auf das, wofür du dankbar sein kannst.

Dieses gute Gefühl nimmst du dann mit in den Tag. Du wirst andere Dinge als bisher wahrnehmen, weil du sie jetzt erkennst.

Dankbarkeit ist ein Filter, mit der du das Leben wahrnehmen kannst. Vielleicht ändern sich die Umstände nicht. Deine neue Sicht bietet aber andere Möglichkeiten. In dir wächst ein Gespür für Gottes Gegenwart in jeder Situation. Dadurch wird dein Herz gestärkt.

Zum Schluss möchte ich eine Geschichte erzählen, die ich von einem befreundeten Pastor hörte.

Mark war zu diesem Zeitpunkt Pastor einer größeren Kirchengemeinde. Eines Tages kam eine junge Frau im Rollstuhl in den Gottesdienst. Nach dem Gottesdienst unterhielten sie sich und es wurde klar, dass diese junge Frau nicht nur schwere körperliche Leiden hatte. Sie litt auch unter einer schrecklichen Vergangenheit.

Ihre Eltern kamen mit der Erkrankung ihrer Tochter nicht zurecht. Sie wurde von einer zur anderen Pflegefamilie abgeschoben. Diese Erfahrung war bitter. Bereits in jungen Jahren war diese Frau von ihren Lebensschmerzen gekennzeichnet.

Nach Wochen und Monaten fand sie Kontakt zu einer Gruppe junger Erwachsener. Bisher war sie es gewohnt, dass sie früh nach Hause gebracht wurde, damit die anderen Zeit für ihre Unternehmungen hatten. Aber hier war es anders – sie wurde einfach mitgenommen. Das war überraschend für sie und mit der Zeit fasste sie Vertrauen zu der Gruppe.

Eines Tages plante diese Gruppe eine Wanderung in den Bergen. Auch hier wurde sie mitgenommen. Der Rollstuhl wurde ins Auto gepackt und bei der Wanderung durch die Berge nahm einer nach dem anderen Melanie auf den Rücken. Melanie erlebte einen ganzen Tag in den Bergen – von einer Schulter zur anderen. Das war die erste Wanderung ihres Lebens. Einer der jungen Männer war Daniel und einige Zeit später kam Daniel zu Mark und sagte, dass er Melanie gerne heiraten würde. Nach einigen Wochen, in denen sie oft miteinander gesprochen hatten, sagte Daniel: „Ich weiß, dass unsere Ehe niemals „normal" sein wird. Aber ich liebe Melanie. Vielleicht werden wir nicht viel Zeit miteinander haben, aber wie lange auch immer – würdest du uns trauen?"

Mark sagte zu und es wurde die bewegendste Trauung seines Lebens. An diesem Tag war die ganze Gemeinde versammelt. Daniel trug Melanie im weißen Kleid zum Traualtar und beide versprachen sich die Treue.

Obwohl es medizinisch nicht möglich war, bekamen sie eine Tochter. Sie war völlig gesund. Als die Tochter ungefähr drei Jahre alt war, kam Melanie in Marks Büro. Ihre Krankheit wurde nicht besser, sondern schubweise schlimmer. An diesem Tag sagte Melanie, dass sie spüre, wie ihre Lebenskraft langsam nachlasse und die Schmerzen zunehmen. Gleichzeitig sei sie so dankbar für dieses Leben, dass sie sich niemals erträumt hatte: verheiratet zu sein, ein Kind zu haben, Anschluss an eine Gemeinschaft gefunden zu haben. Und jetzt merke sie, dass ihr Leben doch so früh zu Ende geht. Sie wisse, dass sie loslassen müsse, aber sie schaffe es nicht.

Mark wusste darauf nichts zu sagen und so saßen sie einfach eine ganze Weile schweigend zusammen. Dann, mit einem Mal, lehnte sich Melanie zurück und sagte mit klarer Stimme: „Ich weiß jetzt, was ich machen werde. Ich werde jeden Atemzug, den ich noch habe, als ein Geschenk Gottes annehmen. Das ist es, was ich tun werde."

Manchmal braucht es extreme Lebenssituationen, um zu einer neuen Sichtweise vorzudringen. Aber man muss nicht erst im Rollstuhl sitzen, um für den Augenblick dankbar sein zu können.

Freude wächst, wenn du die Umstände durch den Filter der Dankbarkeit anschaust.

Praxis

Gewöhne dir an, anderen Menschen im Laufe des Tages häufig deinen Dank auszudrücken. Menschen, mit denen du zusammenlebst oder -arbeitest, bekommen leider viel zu selten offene, direkte Dankbarkeit entgegengebracht. Wir gehen oft davon aus, dass diese Menschen ja bereits wissen, wie wertvoll sie für uns sind. Das mag sein. Dennoch ist es wunderschön, wenn es ausgesprochen oder gezeigt wird. Erinnere dich an etwas, das jemand für dich getan hat, dir in einer bestimmten Situation als Ermutigung gesagt hat, und teile diesem jemand mit, wie gut es dir getan, was es in dir bewirkt hat.

Dankbarkeit gegenüber Menschen, die dich bedienen.

Wenn es eine Trinkgeldkasse gibt, lege noch eine kleine, handgeschriebene Notiz mit ein paar dankenden Worten mit hinein. Oder schreibe ein paar nette Worte auf einen Bierdeckel.

Überrasche einen Busfahrer, indem du ihm am Ende einer Fahrt „Danke fürs Mitnehmen" sagst und dabei lächelst.

Dankbarkeit gegenüber den Menschen, mit denen du zusammen arbeitest.

Mit Menschen, mit denen wir arbeiten, sind wir tagtäglich auf engstem Raum zusammen. Umso mehr Möglichkeiten sind vorhanden, Dankbarkeit im Arbeitsalltag zu zeigen. Schreibe eine kleine Notiz, auf ein Post-It, auf einen abgerissenen Zettel. Schreibe dazu, was du an der Person schätzt, was du an ihr magst. Lege diese Notiz an einen Platz, an dem sie gefunden wird. Und lass dich überraschen, was als nächstes passiert…

Dankbarkeit dir selbst gegenüber

Dankbar gegenüber sich selbst zu sein, ist ein wichtiger Schritt, um die Identität durch Christus für sich selbst anzunehmen. Viel zu oft hören wir auf das alte Ego und schaffen es nicht, für das dankbar zu sein, was Gott in mir sieht. Schreibe auf, worüber du bei dir selbst dankbar bist. Sei nicht zimperlich, sondern schöpfe aus dem Vollen! Keine Scheu vor großen Worten. Wenn du das regelmäßig tun willst, ist ein Dank-Tagebuch eine tolle Idee.

Weitere Inspirationen und Übungen unter
www.Werdewasdubist.info

Freude

Ich verrate dir mein inneres Geheimnis
Ich trage eingefangenes Lachen in meinem
Lebensnetz lässig über meiner Schulter
Ich habe ein Glashaus, in das man sehen kann
Darin steigen Reigen von Lebenstänzen auf
Das sind Schmeicheleien, Winde, Farben
lebenshungrige Pferde, erinnerte Menschen
zwischen gewundenen Bändern und Instrumenten
zu der jeweiligen Musik
in nie enden wollender Lebenssehnsucht
in der Vielfalt aller Bewegungen

Susanne von Wille

„Der HERR segne dich und behüte dich; der HERR lasse sein Angesicht leuchten über dir und sei dir gnädig; der HERR hebe sein Angesicht über dich und gebe dir Frieden."
4. Mose 6,24

3. Dein göttliches Portrait: Frieden

Theologie ist 80% Biographie ... sagt man.

In dieser Aussage steckt viel Wahrheit. Zumindest kann ich das persönlich bestätigen. Markante Ereignisse meines Lebens prägten mein Gottesbild entscheidend.

In frühen Jahren war es der Tod meiner Mutter und die anschließende Zeit im Kinderheim. Großen Einfluss hatten auch die Lieder meines Vaters, die er vor meinem Einschlafen auf der Gitarre vorspielte. Vater und Mutter sind ohnehin die ersten „Bilder von Gott". Diese schaffen und festigen eine nachhaltige Grundatmosphäre.

Eine „zweite Phase der Prägung" erlebte ich als junger Erwachsener während meiner ersten Leitungserfahrungen innerhalb einer kirchlichen Jugendgruppe. Begleitet wurde ich von einem älteren Pastor.

Klaus Lukoschus war ein geruhsamer Intellueller, der die russische Orthodoxie liebte und nicht besonders emotional war. Von ihm habe ich viel gelernt, wenngleich er kein typischer Mentor war.

Bei meiner Leitungsaufgabe ließ er mir viel Freiheit. Zwischendurch schaute er immer wieder vorbei, um zu sehen, was ich als Leiter so machte. Dabei mischte er sich aber nicht ein, hielt sich eher im Hintergrund. Auch emotional äußerte er sich sehr selten.

Natürlich ist es gerade für junge Menschen wichtig über Emotionen zu reden. Dennoch war es gerade seine ruhige und besonnene Art, die mir damals sehr geholfen hat.

Sein Coaching lief in etwa so ab:

Hatte ich nach seiner Meinung richtig gehandelt, nickte er mir kurz und sanft zu. Meist mit einem leichten Lächeln. Lag ich voll daneben, äußerte er keine besonderen Gefühle. Es gab keine Gefühlsausbrüche, kein Donnerwetter. Nur eine leichte Kopfbewegung. Das war mir Signal genug, um zu wissen. „Jan, mach keinen Mist. So wird das nichts. Du kannst das besser."

Erst in späteren Jahren wurde mir bewusst, dass sein Vorbild mir half, Gottes Pädagogik zu verinnerlichen. Manchmal läuft im Leben einiges schief und wir greifen voll daneben. Dann braucht es kein himmlisches Donnerwetter. Nur ein liebevoller, innerer Check zwischen Gott und mir: Hey, das kannst du besser. Du läufst gerade unter deinem Niveau. Du kannst über dich hinaus wachsen! Merke: Jesus hat seinen Jüngern nicht den Kopf gewaschen, sondern die Füße.

Wenn wir diese Gewissheit in uns tragen, können wir Gott in allen Situationen ins Angesicht schauen. Da spiegelt sich keine Enttäuschung. Gott flüstert dir zu, wie er dich sieht. Er erinnert sanft an deine wahre Identität.

Unser Alltag ist jedoch oft von anderen Erfahrungen geprägt. Es ist leider nicht einfach, sich selbst aus Gottes Perspektive anzunehmen.

Schau dir noch einmal Gottes Bild von dir an:

Die Frucht, die der Geist in uns wachsen lässt, ist: Liebe, Freude, Frieden, Geduld, Freundlichkeit, Güte, Treue, Sanftmut und Selbstbeherrschung." Galater 5,22

Die nächste in dir ruhende Eigenschaft, die Gottes Geist entfalten will, ist:

Friede

Was für ein kraftvolles Wort.

Wie du das bereits weißt, beginne ich mit der Beschreibung des alten, unerlösten Egos. Geprägt und verformt von Wunden der Vergangenheit.

Ich nenne diese Verformung

„Der Kämpfer"

Kämpfer haben Energie. Sie sind motiviert, krempeln die Ärmel hoch und packen an. Das ist nicht falsch. Doch der unerlöste Kämpfer übertreibt. Er versucht seine innere Verwundung mit eigener Stärke zu heilen. Unerlöste Kämpfer können ohne Aufgaben und Ziele nicht leben. Oft brauchen sie Gegner.

Das Motto des Egoisten lautet:

„Hauptsache ICH!"

Der Leitgedanke des Opfers ist:

„Erleichterung ist alles!"

Kämpfer folgen der Parole: „Gewinnen ist alles!"

Der Kämpfer sieht das Leben als großen Kampf. Überall und immer ist sein Kampfgeist gefordert. Kampf auf dem Arbeitsplatz, Kampf in der Familie, Kampf auf der Autobahn.
Das Leben ist hart und nichts für Weicheier.

Manchmal sehe ich diese Kämpfer auf Werbeplakaten. Besonders in der Musikbranche. Ist dir die düstere Atmosphäre auch schon aufgefallen?

Da stehen coole Typen auf irgendwelchen alten Bahnhöfen oder in abgerissenen Betonbunkern, haben Bomberjacken an und schauen böse in die Kamera.

Ab und zu wird einer von Ihnen Christ. Das ändert aber nicht ihren „Kämpfermodus". Dann wird eben mit der Musik gekämpft. Jetzt für Jesus.

Die Gegner sind nicht mehr alte Feindbilder, sondern die Finsternis. Täglich sollen wir gegen den Teufel kämpfen, so lautet das neue Credo. Und das Böse lauert überall. In den Finanzmärkten, in der Politik, ja selbst in der Luft, die du atmest... Ein hartes Leben!

Ein Kämpfer sieht das Leben als Kampfplatz – bei dem es klare Gewinner und Verlierer geben muss.

Das ist leider auch auf vielen christlichen Konferenzen festzustellen.

Dort wird es eleganter ausgedrückt. Christlich assimiliert hört sich das etwa so an:

„Wenn du ein Gewinner-Pastor sein willst, dann komm zu uns. Wir erklären dir, wie eine Gewinnerkirche funktioniert. Andere Kirchen sind da nicht so gut. Von unserer Art gibt es bestenfalls 10.

Wir sind zum Siegen berufen. Und auch du kannst ein Gewinner werden. Mit unserer Gewinnergarantie wirst du siegreich „dienen" – im Namen des Herrn!"

Der Kämpfer sieht nicht nur das Leben als einen Ort ständigen Kampfes. Er unterteilt auch Menschen in Gewinner und Verlierer. Denn eines ist sicher: Gewinner gibt es nur, weil es auch Verlierer gibt.

Das gilt insbesondere für Sportveranstaltungen und deshalb machen Wettkämpfe auch so viel Spaß. Doch Vorsicht! Menschen in Gewinner und Verlierer einzuordnen, ist gefährlich. Denn sie werden auf Funktionen begrenzt. Auch im Sport gilt: Eine Mannschaft braucht nicht nur Können und Kompetenz, eine Mannschaft setzt sich aus Kameraden und Teamplayern zusammen.

Auswirkungen der Kämpfermentalität:

Der Kämpfer verpasst die Schönheit im Leben.

Olympische Spiele 1992: Derek Redmond ist britischer Rekordhalter über 400 Meter. Als er zu den Olympischen Spielen nach Barcelona fährt, hat er acht Operationen hinter sich. Seine Trainingszeiten waren aber sehr gut. Im ersten Qualifikationsrennen lief er Bestzeit. Alles schien gut zu gehen. Sieg im Viertelfinale und nur noch das Halbfinale vor sich. Es winkte eine Medaille im Endlauf.

An einem sonnigen Augusttag kniete sich Derek Redmond optimistisch in den Startblock. Der Startschuss fällt. Redmond geht die Strecke schnell an. Nach 100 Meter liegt er auf Platz 2, nach 200 Meter noch immer in Reichweite der Schnellsten. Bei etwa 250 Metern geschieht es. In vollem Lauf fängt er an zu humpeln und greift sich schmerzverzehrt an den rechten Oberschenkel.

Während die anderen Läufer unbeirrt in Richtung Ziel sprinten, fängt die Kamera das verzweifelte Gesicht des Verletzten ein. Redmond kniet auf der Bahn und weint. Aber plötzlich steht der Brite auf und beginnt auf einem Bein zu hoppeln. Erst 20 Meter, dann 30 Meter. Immer auf seiner Bahn, Nummer 5. Es wird sogar noch dramatischer. Ein Zuschauer verlässt die Tribüne und rennt Redmond hinterher, der zwischenzeitlich die Zielgerade ansteuert. Ordner versuchen, den Zuschauer aufzuhalten, doch der lässt sich nicht abschütteln. Als er Redmond erreicht, legt er seinen Arm um seine Schultern.

Der Zuschauer ist Jim Redmond, Vater des verletzten Wettkämpfers. Er will diesen Lauf gemeinsam mit seinem

Sohn beenden. Er hat die Ordner wie lästige Fliegen abgeschüttelt und tröstet seinen Sohn. "Wir haben diese Karriere zusammen begonnen und ich dachte, wir sollten sie auch zusammen beenden", sagt Jim Redmond später in die Fernsehkameras. Sein sprachloser Sohn steht immer noch neben ihm.

Dieses Bild von Vater und Sohn ist für mich zu einer Ikone geworden. Zu einem Symbol für die Frucht des Geistes, um die es vorliegend geht:

Frieden – und damit „Verbundenheit".

Diese kostbaren Momente des Lebens verpasst der unerlöste Kämpfer!

Natürlich darfst du gewinnen wollen. Ich liebe es zum Beispiel, beim Fußballspiel alles zu geben und zu siegen.

Wenn du aber das Leben als ein großes Kampffeld verstehst, bei dem du entweder verlierst oder gewinnst, wirst du irgendwann sehr einsam.

Wenn du einsam und verbittert sterben willst, lebe in diesem Kampfmodus. Trophäen und Pokale werden dich nicht umarmen, wenn du nach Haus kommst.

Die ausbalancierende Kraft in deinem Leben ist:

Innerer und äußerer Frieden

Die allgemeine Definition von Frieden lautet:

„Frieden ist ein heilsamer Zustand innerer Stille und Abwesenheit von Krieg. Es herrscht eine Atmosphäre von Freundschaft, Respekt und Verbundenheit."

Innerer Frieden fühlt sich gut an.
Wenn ich im Frieden mit mir selbst und anderen lebe, tut das meiner Seele gut.

Die geistliche Frucht des Friedens geht allerdings über deinen Rahmen hinaus. Sie umfasst auch die Fähigkeit und Bereitschaft, Konflikte gewaltfrei zu lösen.

Jesus wird in der Bibel als „Friedefürst" bezeichnet. Sein Vorbild und Geist hat viele Menschen inspiriert, in Krisenzeiten mit Weisheit und Überzeugungskraft friedliche Lösungen zu finden.

Als Nelson Mandela schon zwölf Jahre im Gefängnis war (und fünfzehn weitere Jahre noch folgen sollten), schrieb er seiner damaligen Frau: „Die Zelle ist der ideale Ort, um sich selbst kennenzulernen, realistisch und regelmäßig die Entwicklung der eigenen Gedanken und Gefühle zu erforschen..."
Als er nach 27 Jahren Haft entlassen wurde und daraufhin erster Präsident eines demokratischen Südafrikas wurde, lud er zur Amtseinführung seine ehemaligen Gefängniswärter als Ehrengäste ein.
Man mag ihm politische Fehler vorwerfen, aber er war ein wahrer Friedensstifter.

Der Autor des Hebräerbriefes formuliert es energisch:
„Jagt dem Frieden nach mit jedermann" Hebr. 12,14.

Warum ist diese Gabe und Frucht so wichtig?

Frieden beginnt in unserem Inneren und beeinflusst unsere Umwelt. Wenn der Zustand meines Herzens von Frieden geprägt ist, wird dieser Frieden natürlich meine Beziehungen und Tätigkeiten beeinflussen.
Ich werde Friedensstifter sein.

Bei weltweit aktuell 424 politischen Konflikten und 21 Kriegen ist diese Gabe auch mehr als notwendig. Diese Zahlen umfassen natürlich keine Nachbarschaftskonflikte, Beziehungskrisen oder Mobbingsituationen.

Der Pastor meiner Jugendzeit, Klaus Lukoschus, musste während seines Dienstes einen ungelösten Dauerkonflikt aushalten.

Die Kirchengemeinde war in kompromisslose progressive und konservative Lager gespalten.
Wir Jugendlichen gehörten naturgemäß zum progressiven Teil. Wir strebten nach Erneuerung und zwar auf vielen Ebenen. Wir waren auch Teil der Spannungen. Dieses Thema diskutierte ich häufig mit Klaus Lukoschus.
Obwohl er kein emotionaler Mensch war, nahm er feinsinnig sämtliche Zwischentöne wahr. Er litt sehr unter den Spannungen seiner Gemeinde.

Als er wieder einmal aus einer anstrengenden Kirchenvorstandssitzung nach Hause kam, sagte er seiner Frau, dass er sich ausruhen müsse. Er legte seinen Kopf in ihren Schoß - und starb an einem Herzschlag.

Auch dieses tragische Erlebnis gehört zu meiner frühen Lebensgeschichte, die mich nachhaltig geprägt hat. Dauerhafter Stress und ungelöste Konflikte rauben Lebensenergie.

Frieden hingegen bringt Leben hervor. Frieden ist ein Geburtskanal für Harmonie und Kreativität.
Aber wie bei einer leiblichen Geburt erfordert Frieden deinen ganzen Einsatz. Wenn du nicht in der Lage bist, in deinem Umfeld harmonische Beziehungen aufzubauen, erwarte nicht, dass Frieden auf der Welt herrscht.

Jim Wallis, US-amerikanischer Friedensaktivist, berichtet von einem Schlüsselerlebnis. Unter schwersten Bedingungen protestierte er vor einer Atomwaffenfabrik in Colorado.

„Während dieser langen und ruhelosen Nacht war mein Kopf voll von Bildern jener Soldaten, die Jahrhunderte lang den Elementen getrotzt, Verwundung und Tod riskiert und buchstäblich das Leben gelassen haben, um Krieg zu führen.

Dann dämmerte es mir. Weshalb sollten wir davon ausgehen, dass der Friede billiger zu haben sei? Was würde passieren, wenn wir mit derselben Disziplin, Opfer- und Leidensbereitschaft, die so viele Menschen akzeptiert haben, um Krieg zu führen, „Frieden machen" würden?

In dieser Nacht wurde mir klar, dass Friede nicht zu Stande kommt, weil er eine bessere Idee ist als Krieg, sondern nur, wenn ihn eine hinreichende Anzahl von Menschen mit derselben Verbindlichkeit und Entschlossenheit verfolgt."

Auch wenn Friede eine Gabe und Frucht des Geistes ist, bleibt er eine Aufgabe, die dich viel kostet.

Wenn du in deinen Beziehungen aktiv Frieden schaffst, handelst du in Übereinstimmung mit deiner wahren Natur, mit deinem eigentlichen Selbst.

Deine Identität in Gott festigt sich. Du nährst Frieden in dir und strahlst Frieden dadurch aus.

Ein Sprichwort besagt: „Ist Frieden in der Familie, ist Frieden im Dorf. Ist Frieden im Dorf, ist Frieden im Land. Ist Frieden im Land, ist Frieden in der Welt."

Jesus sagte: „Was siehst du den Splitter im Auge deines Nächsten, aber du siehst nicht den Balken in deinem eigenen Auge?"

Er bringt die Wahrheit auf den Punkt. Die moderne Psychologie nennt das „Schattenarbeit" oder „Projektion". Du nimmst den Splitter des anderen nur wahr, weil dasselbe Material – nur in erheblich vergrößerter Form – in dir ruht.

Warum vergrößert?

Weil es unbewusst ist.

Alles Unbewusste hat große Kraft. Du wirst nie Zugang zu deinen dunklen und verborgenen Seiten bekommen, wenn du deine Feinde nicht lieben kannst.

Jesus hat es mit dem Frieden so ernst gemeint, dass er sogar von „Feindesliebe" sprach.

Hast du einen „Feind"? Vielleicht ist diese Beschreibung zu extrem. Vielleicht kennst du aber Menschen, die dem nahe kommen. Zumindest wirst du eine Person vor Augen haben, die dir unsympathisch ist. Deren Charakter oder Persönlichkeit dich stört, nervt oder ängstigt. Jemand, mit dessen Meinung du große Mühe hast. Eine Person, in deren Gegenwart du dich nicht wohl fühlst.

Hast du jemanden vor Augen?

Dann erinnere dich an den Splitter und Balken. Es wird nicht einfach sein, die störenden Eigenschaften dieser Person in dir zu entdecken. Das ist auf der Verstandesebene kaum möglich. Hier ist körperliche Wahrnehmung gefordert.

Deshalb mein Vorschlag:

Begegnest du dieser Person, halte die Gegenwart bewusst etwas länger aus. Zieh dich nicht zurück. Du musst mit ihr weder in Urlaub fahren, noch intensive Gemeinschaft pflegen. Bewege dich aber für eine Weile etwas länger in deren Gegenwart. Und dann bete, dass Gott dir seinen Blick für diese Person schenkt.

Dann wirst du erleben, dass Gott mit dir spricht. Er wird sich sanft, aber deutlich auf jene Charakterzüge dieser Person aufmerksam machen, die in dir verborgen und unerlöst schlummern.

Wenn sich diese verborgenen Anteile offenbaren, bleibe mit Gott im Gespräch. Spüre die unendliche Annahme Gottes. Er liebt dich so, wie du wirklich bist. Das löst Freude, aber auch tiefen, tiefen Frieden aus. Halte ihn fest und lass ihn wirken...

„Nur was angenommen ist, kann verwandelt werden."

Weitere Übungen und Inspirationen auf
www.werdewasdubist.info

Frieden

Auf einmal bist du da
Ein weiter Raum geöffnet
an meinem tiefsten Punkt berührt
wie eine Welle kommst du über, in mich und durch
mich
Nimmst mich auf
der äußere Raum verliert seine Verankerung

Ich in dir und du in mir - vollkommen geborgen
aufgenommen, erkannt, durchdrungen

Selbst mein Name scheint mir fern
Sein Klang ertönt entfernt,
von einem anderen Gestade
einer Person zugehörig, die ich gestern noch war
Erkannt zu sein ist alles

Susanne von Wille

„Ein Geduldiger ist besser als ein Starker
und wer sich selbst beherrscht, besser als einer, der Städte
gewinnt."
Sprüche 16,32

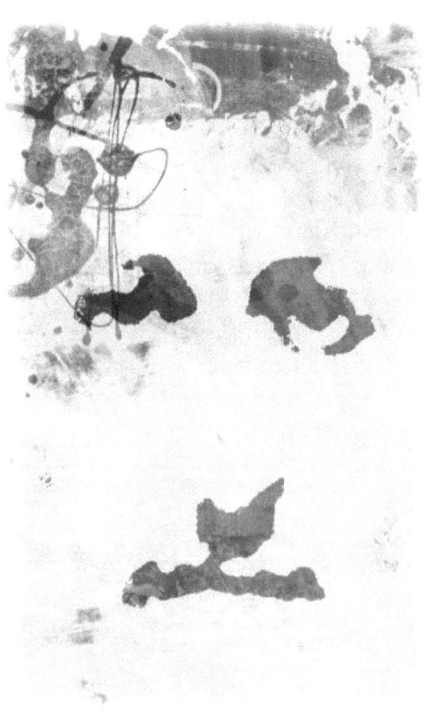

4. Dein göttliches Portrait: Geduld

Liebe, Freude, Frieden...

In den drei vorherigen Kapiteln schauten wir uns diese Qualitäten deiner wahren Identität an. Drei Eigenschaften mit enorm positiver Energie. Bereits diese können aus dir einen glücklichen und zufriedenen Menschen machen.

Jetzt geht es um eine ebenso wichtige Qualität:

Geduld

...und auch hier beginne ich wieder mit der verwundeten Ausprägung. Ich nenne sie

„Der Perfektionist"

Ein Perfektionist kann die erwähnten Eigenschaften – Liebe, Freude, Frieden – erleben, gleichzeitig aber unzufrieden bleiben.
Seine Welt ist nämlich sehr eng. In seiner Gegenwart hat man stets das Gefühl:

„Es hätte besser sein können."

Perfektionisten nehmen ständig Feineinstellungen vor. Egal, was andere tun oder was entsteht, es ist nie ausreichend.

Etwas „gut" machen zu wollen, ist grundsätzlich hilfreich. Was macht jedoch einen Perfektionisten aus?

Den Perfektionist erkennt man nicht daran, dass er alles auf die Reihe bekommt. Er ist zwar oft ein Meister der Organisation, seine Schaffenskraft ist bemerkenswert und wird allgemein geschätzt, dennoch fühlen sich Perfektionisten „eng" und nie „fertig" an. Auch wenn eine Aufgabe ordentlich erledigt ist, stellt sich das Gefühl der Erleichterung oder Zufriedenheit selten ein.

Im Allgemeinen motivieren Liebe, Fürsorge oder Freude uns, Aufgaben gut auszuführen. Beim Perfektionisten entsteht dieses Verlangen jedoch aus einer anderen Quelle:

Er will nicht beschämt oder beschimpft werden. Er ist ein Vermeidungsweltmeister.

Die Ursache liegt häufig in der Vergangenheit. Erfährt ein Kind Liebesentzug, weil sein Verhalten nicht dem gewünschten Standard entspricht, kann sich Angst vor Ablehnung oder Strafe einprägen. Etabliert sich daraus ein Grundmuster, eine Grundatmosphäre, folgen zwangsläufig nachhaltig negative Konsequenzen. Vermeidungsangst wird zum Lebensmotivator.

Besonders schädlich ist der *Kontaktverlust zu sich selbst.*

Wenn ich Aufgaben aus Liebe und Führsorge verrichte, bin ich in Kontakt mit dem, was ich tue – und mit dem, wer ich bin.
Wenn ich Aufgaben aus einem Perfektionismus erledige, bin ich nicht in Kontakt mit meinem Tun, sondern in Kontakt mit meiner Angst.

Diese Energie trennt mich von meinem Innenleben und führt darüber hinaus zu einer Distanz zu meinen Beziehungen.
Susanne und ich sind jetzt 25 Jahre verheiratet. Wie jedes Ehepaar haben wir verschiedene Beziehungsphasen erlebt.
In der Regel stellt sich nach den ersten 2-3 Jahren eine Phase der Ernüchterung ein. Wenn die ersten emotionalen Wogen des Verliebt seins etwas abklingen, wird der Blick für den Partner realistischer. Die netten kleinen Unterschiede, die am

Anfang inspirierend waren, sind jetzt nervig und oft Auslöser für einen Streit.

Das wird auch sprachlich bemerkbar. Anfangs nannte man sich vielleicht „Mäuschen", „Kätzchen" oder „Häschen", doch allmählich werden die Tiere größer...

In dieser Phase haben Susanne und ich uns vorgenommen, an unserer Beziehung „zu arbeiten". Einmal im Monat nahmen wir uns abends Zeit, um einen „Ehe-Check" durchzuführen. Dazu hatten wir Fragebögen erstellt, mit denen wir die verschiedenen Ebenen unserer Beziehung überprüfen konnten. Jeder konnte ankreuzen ob er diese im grünen, gelben oder roten Bereich empfand:

- Freizeitgestaltung
- Kommunikation
- Verantwortung für den Haushalt
- Sex
- Finanzen
- usw.

Diese Abende waren hilfreich, aber irgendwann merkten wir, dass der Schwerpunkt stark auf Verbesserung lag. Und oft auch: Verbesserung des anderen.

Eine bedeutende Wende war die Erkenntnis, dass Veränderung nur in ganz kleinen Schritten möglich ist. Wenn überhaupt. Auch heute reden wir regelmäßig über unsere Beziehung. Aber wir haben aufgehört, ständig Feineinstellungen beim anderen vornehmen zu wollen. Susanne ist gut so, wie sie ist. Wie sie jetzt ist.

Und wenn sie sich verändert, dann ist das auch in Ordnung. Solch eine grundlegende Annahme ist nicht einfach. Aber es gibt keinen anderen Weg für erfüllte Beziehungen.

Annahme beginnt im Inneren, bei mir selbst. Vielleicht kennst du auch die inneren Monologe, die sich fast wie ein Refrain anhören: Ich bin nicht gut genug, nicht erfolgreich genug, nicht schön genug, nicht schlank, nicht liebenswert, nicht intelligent genug... Die inneren Stimmen können sehr hart und fordernd sein. Los, streng dich an, gib dir mehr Mühe! Aber diesen inneren Mangel können wir nicht beheben durch mehr Arbeit, mehr Konsum, mehr Sport. Eher durch Akzeptanz und mehr Freundlichkeit uns selbst gegenüber.

Wenn ich vom Perfektionismus befreit werde, komme ich in Kontakt mit meinen Inneren. Und in dem Maße, wie ich Kontakt zu meinen Gefühlen bekomme, die durch Angst blockiert waren, werden auch Beziehungen tiefer und lebendiger.

Um zu dieser Lebendigkeit zu gelangen, hat uns Gott diese vierte Qualität mitgegeben:

Geduld

Wie geht es dir, wenn du dieses Wort hörst?

Liebe, Freude, Friede – das klingt schön.
Geduld ist etwas komplexer.

Manche haben vielleicht tragische Biographien von Menschen vor Augen, die scheinbar nur *eine* große Lebensaufgabe hatten:

Geduld lernen.

Allen voran Hiob, der zur Ikone für alle leidgeplagten Menschen wurde. Durch dunkle Täler wandern, Leid und Elend ertragen und am Ende vielleicht wieder Licht sehen.

Aber Geduld steht eher in Verbindung mit Glauben und Vertrauen. Heute möchte ich dir eine etwas ungewöhnliche Definition für Geduld anbieten:

„Zufrieden sein mit dem Tempo Gottes in deinem Leben – und im Leben anderer!"

Lehn dich doch gerade jetzt für ein paar Sekunden zurück,

spür mal in dein Leben hinein:

Wie zufrieden bist du mit dir selbst? Wie zufrieden bist du mit deinen Beziehungen, mit deiner Beziehung zu Gott, mit deiner persönlichen Entwicklung, deiner Arbeit...?

Auch wenn du das nicht sofort annehmen kannst: Vielleicht bist du genau dort, wo du im Moment auch sein solltest. Das würde sich auch nicht ändern, wenn du kompetenter, charismatischer, spiritueller oder reicher wärst.

Wie du jetzt bist, ist das, was du jetzt sein kannst. Vielleicht bist du etwas reifer als letztes Jahr und morgen wirst du wahrscheinlich noch etwas reifer sein.

Aber *heute* bist du der Mensch, der du *jetzt* sein kannst.

Und das ist gut so!

Ich erinnere mich an ein Gespräch mit meinem geistlichen Begleiter, dem ich sehr dankbar bin. Wir treffen uns regelmäßig einmal im Monat. Er kennt mich seit vielen Jahren und ist mir ein wertvoller „Seelenführer" geworden.

Diesmal hatte ich eine konkrete Frage. Es ging um meinen wachsenden „äußeren Dienst" und die damit verbundene Verantwortung.

Ich empfand eine Diskrepanz zur Entwicklung meines verborgenen Menschen. Mein Inneres wuchs nicht synchron mit.

So war meine Frage, wie ich innerlich schneller wachsen kann. Seine Antwort hat mich zuerst sehr geärgert, dann aber in ein längeres Nachdenken geführt:

„Dafür kannst du gar nichts machen".

Einen praktischen Rat hatte er dann doch: Du kannst aber deine Sehnsucht nach innerem Wachstum Gott hinhalten. Wenn du Sehnsucht hach Gott spürst, bedeutet dies, dass Gott Sehnsucht nach dir hat!

Das tat gut!

Glaubst du, dass Gott für alles einen großen, göttlichen Zeitplan hat? Einen Plan, der weit über deinen begrenzten Horizont hinausgeht?

Gott entwickelt uns nicht alle nach einem Schema! Jeder Mensch hat eine ganz eigene Bestimmung, ein eigenes Tempo und einen eigenen Beitrag für diese Welt.

Wenn dein Herz offen ist,
wenn du Gottes Wirken in deinem Leben bejahst,
wenn du deine Sehnsucht lebendig hältst,
dann wirkt Gott genau richtig.

Dann geht es nicht darum, Ziele zu erreichen. Hier ist der Weg das Ziel. Du wirst zu einer wohltuenden inneren Ruhe gelangen. Und das führt zu einer großen Zufriedenheit.

Es ist schön, Menschen zu kennen, die sich weiter entwickeln. Und in jeder Lebensphase drücken wir das aus, was uns aktuell entspricht.

Wenn du ein kleines Kind hast, vielleicht im Alter von 1-2 Jahren, würdest du dann in sein Zimmer gehen und denken:
Was für ein unvollständiges Wesen! Diese unkoordinierten Bewegungen, diese erbärmlichen Haare... Und wie es im Zimmer rumtorkelt und alles unordentlich macht!
Sicherlich nicht! In jeder Phase sehen wir unsere Kinder und sagen: „Wie wunderbar. Was für ein kostbares Leben!"

Als unser erstes Kind geboren wurde, war ich total aufgeregt. Ich lief durch das Krankenhaus zur Geburtsstation, sah links und rechts in den anderen Zimmern Frauen mit ihren Neugeborenen und konnte nicht glauben, wie hässlich diese kleinen Wesen waren.

Dann, als ich unser eigenes Kind direkt nach der Geburt in

den Armen hielt, sah ich das schönste Wesen der Welt.

Unsere Tochter.
Sie war perfekt, wunderbar, geheimnisvoll!

Jetzt, Jahre später, nachdem wir schlaflose Nächte und manche Dramen hinter uns haben – ist sie immer noch wunderbar!

Im ersten Buch Mose finden wir einen geheimnisvollen Satz, der nicht leicht zu verstehen ist:

„Wandle vor mir und sei vollkommen!" 1.Mose 17,1

Diesen Satz hatte Gott Abraham zugesprochen. Wir interpretieren ihn meist mit einem moralischen Anspruch. Vollkommen im Sinne von „tadellos, fehlerlos".
Er bedeutet aber eher:

„Wandle vor mir und sei alles, was du bist. Sei so, wie du von Gott her gedacht bist. Sei so, dass nichts an dir fehlt."

Abraham ist viele Umwege gegangen. Perfekte Planung war das jedenfalls nicht. Auf die Erfüllung mancher Versprechen musste er lange warten. Wie oft wird er wohl den Nachthimmel betrachtet und sich gefragt haben, ob Gott ihm wirklich so zahlreiche Nachfahren wie Sterne schenken wird? Neben ihm lag seine inzwischen sehr alte Frau, die nicht mehr gebärfähig war.
Das Leben von Abraham war voller Wirrnisse, Entbehrungen, und Wartezeiten. Gott schrieb mit Abraham eine Geschichte. Eine wilde und gefährliche zugleich, die ihm alles abverlangte. Und auf diesem Weg wurde er zu einer wunderbaren Persönlichkeit, zum „Vater des Glaubens", der uns bis heute inspiriert.

Abrahams Leben ist ein gutes Beispiel für Gottes Zeitplan

in deinem Leben. Er hat einen Zeitplan auch für die Menschen um dich herum: deine Freunde, deine Partnerin oder Partner, deine Arbeitskollegen, deine Kinder...

Was tut Gott grade in deinem Leben?

Die Antwort findet sich oft in den Bereichen deines Lebens, die sich durcheinander anfühlen. In den Bereichen, wo du die meisten Fragen hast und am deutlichsten an deine Grenze kommst.

Grenzen weisen hin auf einen neuen Lebensraum, in den Gott dich führen will. Meist wird dies erst dann spürbar, wenn du deine Komfortzone verlässt.

Dann wirst du für Gottes Geist offen sein. Wenn du dein Herz nicht verschließt, wirst du ruhig und zufrieden sein mit Gottes Wegen und seinem Tempo.

Praxis

Nichts!

An dieser Stelle möchte ich dir empfehlen, ganz bewusst einen Moment inne zu halten, einen tiefen Atemzug zu machen und Gottes Annahme in deinem Leben zu genießen.

Geduld

„Ich kann dich nicht sehen
Aber du begegnest mir
Ich kann dich nicht fühlen
Aber du beschenkst mich
Ich kann dich nicht riechen
Aber du prägst die Atmosphäre
Ich kann nicht mit dir gehen
Aber du führst mich meinen Weg
Manchmal spüre ich dich nicht
Aber du bist immer überall"

Susanne von Wille

*„Dann sah ich den Himmel offen, und siehe, da war ein
weißes Pferd, und der, der auf ihm saß, heißt «Der Treue und
Wahrhaftige».“*
Off. 19,11

5. Dein göttliches Portrait: Treue

Mein Jugendfreund Volker war ein echtes Original. Er besaß ausgeprägte Stärken, aber auch auffällige Defizite. Man kann ihn als liebenswürdigen Chaoten beschreiben. Abgesehen von seiner notorischen Unpünktlichkeit fielen ihm häufig Gegenstände wie Schlüssel, Gläser oder Bücher aus der Hand.

An letzterem arbeitet er hart mit deutlichen Verbesserungen. Er konnte diese Auffälligkeit auf ein normales Niveau herunterschrauben. Seinen schlechten Ruf wurde er aber nicht los.

Bei einer Party zerbrach ein Gast einen Porzellanteller mit einem lauten Knall. Obwohl mein Freund am anderen Ende des Raumes saß, richteten sich spontan alle Blicke auf ihn...

Die Vorstellung, die andere Menschen von dir haben, ist tief und langlebig. Auch wenn du dich veränderst, hält sich der Ersteindruck meist hartnäckig. Und das hat wiederum Auswirkung auf dich. Du kannst lernen von der Meinung anderer unabhängig zu werden. Aber ganz entziehen, kannst du dich nicht.

Deshalb ist es wichtig, dass du nicht nur menschliche Fremdwahrnehmung auf dich wirken lässt. Du musst Gottes Sicht verinnerlichen.

Dein inneres Wachstum entscheidet sich an der Fähigkeit und Bereitschaft, dich so zu sehen, wie Gott dich sieht.

Das ist die Quelle deiner Identität – und aus ihr fließt Leben: dein Handeln, dein Denken, letztlich auch deine Gefühle und deine Entscheidungen.

Schau dir noch einmal Gottes Portraitaufnahme von dir an:

„Die Frucht, die der Geist in uns wachsen lässt, ist: Liebe, Freude, Frieden, Geduld, Freundlichkeit, Güte, Treue, Sanftmut und Selbstbeherrschung. " Galater 5,22

Noch einmal, Gott sagt damit nicht: Streng dich an! Werde so! Er sagt: So bist du. Gottes Geist, Gottes Leben und Gottes Wesen fließen in dir und prägen dich.

Religiöse Gesetzlichkeit geht von anderen Voraussetzungen aus. Religiosität sieht dich als Gesetzesbrecher, der Grenzen braucht, um in „Gottes Ordnungen" leben zu können. Zurzeit Jesu war den Gesetzeshütern ziemlich schnell bewusst, dass sie arbeitslos werden, sollte Jesu Lehre stimmen. Religiöse Gesetzlichkeit braucht einen ärgerlichen Gott und gesetzlose Menschen – ohne das geht es nicht. Erlösung bedeutet jedoch innere Verwandlung und keine äußerliche Werkgerechtigkeit. Ich wachse durch den Geist Gottes zu meinem wahren Selbst.

Als ich diese Dynamik entdeckte, erlebte ich eine „Neugeburt". Es braucht seine Zeit, Gottes Porträtaufnahme zu verinnerlichen und danach zu handeln.

In diesem Kapitel geht es um einen Persönlichkeitsanteil, dessen unerlöste Form ich

„der Flüchtling"

nenne.

Sein Lebensmotto lautet:

Freiheit ist alles.

Um „frei" zu sein, stellt er sich drei grundlegende Fragen:

1. *Macht es Spaß?*
2. *Ist es einfach?*
3. *Stillt es meine momentanen Bedürfnisse?*

Der Flüchtling reduziert Freiheit auf die Befriedigung diverser Bedürfnisse. Manche haben die Vorstellung, dass auch ein Leben mit Gott ein großes Ziel verfolgt: mehr Spaß!

Ich liebe Spaß, Abenteuer, Erfüllung, die schönen Momente im Leben. Aber das Leben ist kein Rosengarten. Es besteht ebenso aus Verantwortung, harter Arbeit und Durchhaltevermögen.

Ohne diese Eigenschaften kann keine Beziehung gelingen.

Ich habe viele Gespräche mit Paaren geführt, deren Ehe an sensible Grenze stieß. Man kann sie nicht miteinander vergleichen, aber die Herausforderungen hatten meist eine ähnliche Ursache.

Bleiben Erwartungen unerfüllt, zieht sich jeder auf seine Art und Weise zurück. Die schwierige Phase der Enttäuschung beginnt.

Manche beenden eine Beziehung, wenn sie an ihre Grenzen stoßen und Erfüllung ausbleibt.

Doch es ist nicht die Aufgabe des Partners, den anderen glücklich zu machen. Wenn ich selbst kein glücklicher Mensch *bin*, wird mich auch mein Partner nicht dazu machen! Wenn ich keine erfüllte Person *bin*, wird mich kein Mensch erfüllen können.

Natürlich ist es wichtig, dass deine Beziehungen (und auch deine Arbeit) zu dir passen. Aber wenn du diese missbrauchst, um erfüllt zu werden, stehst du auf falschem Fundament. Du überforderst und belastest andere.

Die Grenzerfahrungen unseres Lebens sind so individuell wie jeder einzelne Mensch und doch steckt in jeder Grenze eine gemeinsame Frage: Wie viel Erfüllung suche ich in anderen Menschen, in der Arbeit oder in äußeren Umständen?

Manchmal braucht es tiefste Lebenskrisen, durch die all diese Dinge wegbrechen und wir mit der existenziellen Leere konfrontiert werden, um diese Frage wirklich an uns heran kommen zu lassen. Ich wünschte, dass die Lösung einfacher wäre, aber ich weiß keine bessere als diese:

Erst, wenn du Erfüllung in Christus findest, wirst du zu einer erfüllten Person.

Wenn mein äußeres Leben ganz gut läuft, kann ich lange Zeit daraus Seelennahrung beziehen.
Aber das ist nur Ersatz und macht langfristig abhängig. Ohne „Christusleben" bin ich kein erfüllter Partner. Ohne „Christusleben" bin ich kein erfüllter Arbeitnehmer.

Paulus bringt es auf den Punkt:

„Christus ist mein Leben." Philipper 1,21

Was geschieht mit dem Flüchtling?
Der Flüchtling überlässt sein Glück Menschen oder Umständen. Versagen diese und bringen nicht die erwartete Erfüllung (was im Grunde unausweichlich ist), sucht er neue Beziehungen, andere Umstände...

Der Flüchtling hat Schwierigkeiten langfristig Beziehungen aufrecht zu erhalten. Es fehlt im die Fähigkeit, Stress und Druck im Leben auszuhalten. Er lebt den Mythos vom stressfreien Leben.

Wenn der Flüchtling ein religiöser Mensch ist, setzt er den Willen Gottes gleich mit einem leichten und erfreulichen Leben ohne große Schwierigkeiten. Wird das Leben schwierig, überlegt er sich folgendes: Da es nun doch schwerer als erwartet wird, kann dies nicht der Wille Gottes für mich sein!

Unsere Gesellschaft fördert diese Lebenseinstellung:
„Das was du brauchst, kannst du jetzt bekommen."
„Kaufe jetzt, zahle später."
„Nur ein erfülltes Bedürfnis ist ein gutes Bedürfnis."

Ein destruktives Denken! Natürlich kannst du mit unerfüllten Bedürfnissen leben – und sogar glücklich sein.

Gottes Heilmittel heißt:

Treue

Treue kann man in aller Kürze so definieren:

„Die Bereitschaft, seine Taten seinen Versprechungen anzupassen."

Oder anders gesagt: Treu bin ich, wenn ich genau das mache, was ich versprochen habe, selbst dann, wenn es mir schwer fällt.

Wenn das Wesen Gottes mit „Liebe" zusammengefasst werden kann, dann ist „Treue" das innerste Wesen dieser Liebe. In der Bibel werden immer wieder Ereignisse berichtet, die Gottes Treue zu seinem Volk thematisieren. Seine Treue ist dabei in keiner Weise von der Treue des Volkes abhängig. Ganz im Gegenteil. Selbst dann, wenn das Volk Gottes in Untreue fällt, hält Gott an seiner Treue fest. Gottes Treue ist stärker als alle Untreue der Menschen.

Der Prophet Jeremia stellt in einem Gleichnis Gott als Töpfer dar. Wer schon mal selbst mit Ton gearbeitet hat, weiß, wie faszinierend es sein kann, wenn es gelingt, aus einem Klumpen Ton auf der Töpferscheibe eine wunderschöne Vase herzustellen. Ein Gefäß gelingt in der Regel nicht mit einem Schwung, sondern es sind viele Korrekturen notwendig. Wenn ein Versuch nicht gelingt, wird der Ton nicht weggeschmissen. Man fängt einfach noch einmal von vorne an.

In der Zeit, als ich als Goldschmied arbeitete, machte ich andere Erfahrungen. Bei der Arbeit mit Edelsteinen hatte ich immer nur *einen* Versuch. Konzentriert, mit Lupe und feinem Hammer, hatte ich immer wieder Edelsteine in verschiedene Fassungen eingearbeitet. Dazu waren viele, viele feine Hammerschläge notwendig. Ein leichter Schlag aus einem falschen Winkel heraus genügte, um den Edelstein zu zerstören. Dann war es vorbei. Ich hatte nur *einen* Versuch.

Anders ist es beim Töpfern. Du kannst den Ton zusammen drücken, wässern und immer wieder neu anfangen.

Wer die fertige Vase dann zum Schluss anschaut, kann nicht sehen wie viele Versuche du hinter dir hattest. Man sieht nur die Schönheit des fertigen Produktes.

Wenn Gott sich als Töpfer darstellt, möchte er sagen: es gibt keine hoffnungslosen Fälle. Gott nimmt sich in seiner Treue ein Leben lang Zeit, um dich zu formen. Bei Gott gibt es immer neue Möglichkeiten, neue Hoffnung, neue Perspektiven.

Eine weitere Definition von Treue ist:

„Fest bleiben unter Druck.“

Hast du schon einmal folgende Situation erlebt?
Du bist beim KFZ-Mechaniker und wartest drauf, dass dein Auto repariert wird. Währenddessen schaust du dich in der Werkstatt um. In den Regalen befinden sich zahlreiche Autoreifen.

Plötzlich ertönt ein lauter Knall, ein Reifen ist geplatzt. Kennst du das? Vermutlich nicht. Denn Reifen platzen nicht einfach so. Sie platzen bei falscher Befüllung, Beschädigung oder unter zu viel Druck.

Jeder Reifen sieht gut aus, wenn er neuwertig und schön sortiert im Regal lagert. Aber beim Kauf entscheidet nicht Ästhetik, sondern Zuverlässigkeit.

Treue heißt:
Fest bleiben – unter Druck.

Jeder kann stark aussehen, wenn die Lebensumstände rosig sind.
„Summertime, and the living is easy..."

Aber wie verhältst du dich unter Druck? Was passiert mit dir und deinen Beziehungen in Stresssituationen?

Im Laufe des Lebens wirst du Druck, Herausforderungen und Problemen begegnen. Es können Zeiten kommen, in denen ganze Lebensbereiche auseinanderbrechen.

Während meiner Studienzeit jobbte ich in einem Zentrum für körperlich Schwerbehinderte.
Die meisten Klienten waren Extremsportler. Harte Burschen, die beim Sport oder Motorradfahren ihre Grenzen überschritten hatten. Ich habe diese Bilder immer noch vor Augen. Wie sie querschnittsgelähmt oder bein- bzw. armamputiert im Bett lagen. Viele wurden von ihren Partnern verlassen.

Früher oder später wirst auch du in irgendeiner Form mit Krankheit, Verlust, Entbehrung und Tod konfrontiert.

Jesus hat dafür viele wunderbare und trostreiche Worte gefunden. Aber von ihm stammen auch Sätze wie diese:
„In der Welt habt ihr Angst!"

Gebrochenheit ist ein Teil deines Lebens. Egal, wie schön und erfolgreich du zu sein scheinst, egal, wie sauber die Reifen im Regal liegen. Druck und Stress werden kommen. Und wenn dir die Qualität von Treue fehlt, wird es schwierig werden.

Keine andere Qualität gibt deinem Leben langfristig derart viel Kraft wie

Treue!

In der Regel gehe ich einmal im Jahr für einige Tage in ein Kloster. Ich liebe die Atmosphäre der Abgeschiedenheit und der klösterliche Tagesrhythmus hilft mir, auch innerlich zur Ruhe zu kommen.

Einmal hatte ich das Vorrecht, in einem sehr kleinen Kloster bei den Malzeiten im Speiseraum der Mönche dabei zu sein. Als ich mich zu Tisch setzte, kam ein Mönch auf Krücken herein und setzte sich mir gegenüber. Während des Essens hatten wir ein sehr anregendes Gespräch. Ich erfuhr, dass er vor Jahren Querschnittsgelähmt war und so weit Heilung erfahren hatte, dass er mit Hilfe von Krücken wieder gehen konnte. Ich staunte! Die Ruhe und Klarheit in seiner Ausstrahlung waren faszinierend und ich stellte die Frage, welchen Beruf er wohl ausüben würde, wenn er nicht Mönch geworden wäre. Seine direkte Antwort war: „Bauer".

Dann erzählte er mir von seiner Leidenschaft, im Garten zu arbeiten, und wie ihn die Prozesse in der Natur vieles über Gottes Treue lehren.

„Aber", so fuhr er fort, „es ist nicht entscheidend, was du tust. Mönch sein, ist nicht immer einfach. Bauer sein, ist nicht immer einfach. Verheiratet sein, ist nicht immer einfach, Single sein, ist nicht immer einfach.

Aber es geht nicht darum, es einfach zu haben, sondern entscheidend ist die Frage: Ist dein Leben in der Hand Gottes? Lebst du von der Treue Gottes?"

Dabei schaute er mir bedeutungsvoll in die Augen und ich spürte in diesem Moment, dass es keine rhetorische Frage war...

Die gute Nachricht lautet:
Durch den Geist Gottes ist Treue in dir bereits veranlagt. Solltest du aktuell an Grenzen stoßen, nimm Kontakt mit dieser dir

innewohnenden Kraft auf. Lass dich nicht durch Fragen leiten wie:

„Macht es noch Spaß?"
„Befriedigt es gerade mein Bedürfnis?"

In diesen Zeiten sind andere Fragen hilfreicher:
„Ist es richtig?"
„Stimmt es mit meiner Lebensausrichtung überein?"
„Erfüllt es Bedürfnisse meines Partners?"

Erfahrungen mit dieser Qualität führen zu Wachstum und Hoffnung. Du wirst Druck und Lebenskrisen nicht mehr fürchten müssen. Du brauchst keine Angst vor Fehlern und Versagen zu haben. Und das ist entscheidend.

Wenn du groß genug von dir denkst, wirst du auch bereit sein, Risiken einzugehen. Das macht dein Leben weit.

Die Zusage Gottes, dass er Treue in dich hineingepflanzt hat, wird dich durch Krisenzeiten tragen. Mit jeder gemeisterten Krise wirst du stärker. In allen Dingen wirkt Gott zu deinem Besten. Die Stärke, die durch Gottes Geist in dir ist, ist stärker als der äußere Druck.

Immer!

Treue Gottes

Wenn du magst, probiere mal etwas aus: in den nächsten 4-5 Tagen lenke deine Gedanken direkt nach dem Aufwachen, während du noch im Bett liegst, auf die Treue Gottes in deinem Leben. Schau auf dein bisheriges Leben zurück und mach dir bewusst, dass du bis heute durch alle Engpässe des Lebens hindurch gekommen bist. Strecke dabei deine Arme zum Himmel und verbinde diese Erkenntnis mit einem kurzen Dankgebet für die Treue Gottes. Dafür brauchst du nur 1 Minute.

Beobachte dann, was geschieht.

Treue dir selbst gegenüber

Kommt in den nächsten Tagen ein Gespräch auf, in dem du eine andere Meinung hast als dein Gegenüber oder gar eine Gesprächsgruppe, behaupte deine Meinung, auch wenn sie unpopulär ist.

Spüre dabei die Wertschätzung, die du dir selbst gegenüber empfinden kannst.

Treue gegenüber anderen

Überlege, in welcher Beziehung deine Treue auf eine ganze Lebensspanne angelegt ist. Partner oder Partnerin, besonders enge Freunde... Wie kannst du diese Qualität der langfristigen Treue in kleinen Dingen ausdrücken?

Weitere Übungen und Inspirationen unter
www.Werdewasdubist.info

Treue

Wir denken, wir „sind"
dabei sind wir unaufhörlich
am Werden und Vergehen...
Wir denken: „es ist Zeit"
Dabei ist Zeit eine geöffnete Türe,
durch die der Wind unaufhörlich
ein- und- ausgeht.

Susanne von Wille

„Wir haben ja nicht einen Hohenpriester, der nicht mitfüh-
len könnte mit unserer Schwäche, sondern einen, der in allem
wie wir in Versuchung geführt worden ist, aber nicht gesündigt
hat."
Hebr. 4,15

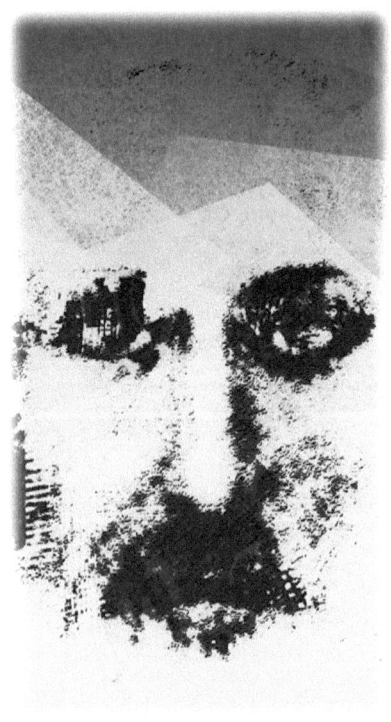

6. Dein göttliches Portrait: Sanftmut

Ich kann nicht oft genug betonen, dass nachhaltige Veränderung und Reife nicht durch Appelle oder allein mit Wille bzw. Disziplin zu erreichen ist.

Du kannst ein bestimmtes Verhalten erlernen. Wird der Druck jedoch zu stark, wirst du wieder in dein altes Verhaltensmuster zurückfallen.

Die Bibel bezeichnet eine tatsächliche Veränderung als Neugeburt. Ein neues Leben! Dieses Leben verändert nicht nur dein Verhalten, es verwandelt dich innerlich. Der Alltag ist dann das große Übungsfeld, um diese göttliche Natur auszuleben.

Die menschliche Seele ist ein äußerst zartes, verletzliches Gebilde. Sie wird bereits in jungen Jahren von einer Art „Schutzhülle" umgeben. Bei Säuglingen ist diese noch nicht ausgebildet. Säuglinge können und müssen ihre Bedürfnisse und Innenwelt unbekümmert zeigen. Sie lassen ihren Gefühlen freien Lauf.

Mit der Zeit lerne ich jedoch, dass es nicht immer angemessen ist, Gefühle und Bedürfnisse zu zeigen. Ich muss mich anpassen. Langsam entsteht eine seelische Schutzhülle, die mich in Balance hält. Wird diese Hülle verletzt oder durchbrochen, entsteht in mir ein Schamgefühl. Ich fühle mich bloßgestellt, ausgeliefert oder verraten. Ein grundlegendes Gefühl von Unsicherheit und Minderwertigkeit entsteht. Um diese unangenehmen und schmerzhaften Gefühle zu vermeiden, baue ich ein Schutz- oder Kontrollmechanismus auf. Doch der Schutzmechanismus verselbständigt sich. Was zunächst Hilfe war, wird zunehmend selbst das Problem.

Nun bedarf es zusätzlicher Energie, das neuentstandene Problem zu lösen. Manche werden dadurch zum

Kontroll-Menschen

Wir alle sind in irgendeiner Form von destruktiver Kontrollsucht betroffen und haben uns an das entsprechendes Verhalten gewöhnt – bei anderen Menschen und bei uns. Deshalb ist es wichtig, diesen Charakterzug zu erkennen. Unentdeckt kann er sich nämlich in unseren Beziehungen einnisten.

Woran erkenne ich Kontrollsüchte Personen?

Achte auf deine Gefühle im Zusammensein mit Menschen

Gibt es Beziehungen, die dich einengen, in den du herumkommandierst wirst? Hast du es satt, dass man dir ständig sagt, was du zu tun oder lassen hast? Gibt es Menschen, bei denen du das Gefühl nicht loswirst, sich auf Zehenspitzen bewegen zu müssen? Kennst du Menschen, die du besänftigen musst und in deren Gegenwart du sehr vorsichtig agierst?

Achte auf Launenhaftigkeit

Launenhaftigkeit ist ein Schlüsselhinweis auf Kontrollsucht. Kontrollsüchtige Personen haben in ihrer Vergangenheit starkes Leid, oft auch Ungerechtigkeiten ertragen. Drohenden Schmerz versuchen sie daher mittels Kontrolle zu verhindern. Es ist ein Schutzmechanismus. Der Kontrollsüchtige geht sozusagen in die Offensive. Kontrollsucht ist präventiv. Ein kontrollsüchtiger Mensch braucht Kontrolle. Nicht weil er herrschen, sondern Verletzung vorbeugen will.

Mancher Kontrollsüchtiger schüchtert ein. Er beschuldigt, schreit und verbreitet Angst. Die subtilere Variante sind Launen. Man bestimmt willkürlich die Atmosphäre. Beides ist manipulativ, wobei Launenhaftigkeit ebenso destruktiv wirkt. Denn dieser Person wird man nur schwer etwas abschlagen können. Da fällt das Nein-Sagen besonders schwer. Launenhaftigkeit gepaart mit Krankheit ist ein fast unbezwingbarer Manipulator. Welchem Kranken wirst du nicht helfen wollen...

Vorsicht vor Menschen, die „Nein" weder verstehen noch akzeptieren.
Diese Personen neigen dazu, auf ihrer Meinung zu insistieren bis du zermürbst. Bis du nachgibst und dein Nein aufweicht. Zudem werden dir Schuldgefühl suggeriert, sodass du letztlich mit Scham zurückbleibst. Bitte vergiss nie, dass es dein Recht ist, Entscheidungen zu treffen. Auch wenn du eine Bitte ablehnst.

Häufige Wutausbrüche, vor allem wenn sie von Schikanen begleitet werden, sind charakteristisch für kontrollsüchtige Personen. Wutausbrüche sind meist Folge einer Gegenmeinung oder ausbleibender Zustimmung. Oder auch, wenn man nicht genau das tut, was verlangt wird. Kontrollsüchtige fühlen sich dadurch in ihrer Autorität unterwandert.

Die meisten kontrollsüchtigen Personen führen Diskussionen mit der ausgesprochenen oder latenten Voraussetzung: „Der oder die andere ist das Problem" oder „Der oder die andere hat ein Problem". Selten liegt der Fehler auf ihrer Seite. Kontrollsüchtige umgibt eine eigenartige Aura vorgespielter Stärke, Allwissenheit und Fehlerlosigkeit.

Gottes Heilmittel gegen diese destruktive Kraft lautet:

Sanftmut

Ein altes Wort. Es wird nur noch selten gebraucht und unterliegt einigen Missverständnissen. Deshalb möchte ich zunächst erläutern, was Sanftmut nicht ist:

Sanftmut bedeutet nicht schüchtern, soft oder passiv.

Im Mittelalter wurde Jesus häufig mit diesen Eigenschaften dargestellt. Mal besitzt er ein großes, rotes Herz auf der Brust. Andere Künstler zeichneten seine Gesichtszüge feminin. Oft ist sein Augenaufschlag leidvoll bis devot.

Aber Jesus offenbarte uns keinen soften, passiven oder verschreckten Gott.
Jesu Leben und Tod zeigen wie das Böse der Welt nicht mit den üblichen Waffen bekämpft werden muss. Das Böse wurde verwandelt und verliert dadurch seine Macht.

Dazu brauchte es Macht in Form von Demut.

Ich mag die Szene in C. S. Lewis „Narnia", bei der die vier Geschwister erstmals dem Löwen Aslan begegnen. Aslan, der Jesus verkörpert, wird wie folgt beschrieben:

Als ihn die Kinder zum ersten Mal sehen, wissen sie nicht, was sie machen sollen. Kaum haben sie einen Schimmer seiner goldenen Mähne und der großen herrlichen, königlichen, feierlichen Augen gesehen, können sie ihn kaum länger anblicken, so sehr beben sie innerlich vor Ergriffenheit. Unglaublich! Lewis kommentiert dieses Erlebnis mit folgenden Worten: „Wer nicht zuweilen in Narnia gelebt hat, kann sich nicht vorstellen, dass etwas gut und zugleich furchterregend sein kann." Aslan ist nicht zahm, er ist gewaltig - und gut.

„Sanftmütig" besteht aus den Wortteilen „sanft" und „Mut". Eigentlich müsste man von „friedvoller Stärke" sprechen.

Die altertümlichen Griechen benutzten dieses Wort für das Training von Tieren.

Es beschrieb die Art und Weise, wie ein wildes, starkes Pferd trainiert wurde, um lenkbar zu sein. Die Kraft des Pferdes wurde nicht gebrochen. Sein Feuer sollte weiterhin glühen, seine Stärken genutzt werden. Ziel war eine kraftvolle Einheit zwischen Pferd und Reiter. Der Reiter kann, wenn er und das

Pferd gut eingespielt sind, mit geringsten Gewichtsverlagerungen kantigste Richtungswechsel vornehmen. In diesem Sinne verstehe ich Sanftmut als gelenkte Kraft.

Indische Elefanten sind so stark, dass sie häufig zum Transport oder Waldarbeit eingesetzt werden. Diese Riesen sind trotz ihrer Stärke meistens sanfte Tiere.

Der Rüssel des Elefanten ist ein Wunderwerk Gottes. Er besitzt mehr als 40 000 Muskel. Damit kann der Elefant fast mühelos Äste brechen. Gleichzeitig kann er filigran einzelne Grashalme vom Boden aufheben. Der Rüssel ist eine Kombination von Stärke, Präzision und Feingefühl.

Ein trainierter Elefant zeigt, wie wertvoll es ist, wenn sich Stärke mit vorsichtiger Sanftmut vereint - im Gegensatz zum „Elefanten im Porzellanladen".

Erfahrung mit Sanftmut
Vor einigen Jahren veranstaltete unsere Kirchengemeinde einen Wettbewerb. Wer kreiert den besten Nachtisch. Dabei wurde auch ein herrlicher Tiramisu präsentiert. Mein Lieblingsnachtisch! Dem konnte ich nicht widerstehen und habe kräftig zugelangt. Das hätte ich lieber gelassen. Denn die verwendeten Eier waren nicht mehr frisch. Eine Salmonellenvergiftung folgte...
Ich war schon häufiger krank, aber diese Vergiftung gehörte zu meinen besonderen Erfahrungen. Ich sah fürchterlich aus. Mein Kopf war puterrot, meine Augen quollen aus den Augenhöhlen heraus. Meine Lippen waren angeschwollen und ich spürte Schmerzen am ganzen Körper. Der Notarzt verabreichte mir einige Spritzen, die Schmerz und Schüttelkrämpfe etwas linderten. Dennoch musste ich mich im Laufe des Abends häufiger übergeben. Gott sei Dank war in dieser Zeit ein guter Freund anwesend. Ich bin ihm noch heute dankbar. Während ich erbrach, hielt er meinen Kopf. Anschießend stützte er mich, bis ich im Bett angekommen war. Das wiederholt sich ein paar Mal.

In diesen Momenten extremer Schwäche spürte ich seine starke und zugleich sanfte Hand. Und das war genau das, was ich brauchte. Jemand, der mich vorsichtig stützt und zugleich sehr stark ist. Deshalb konnte ich mich auch in dieser Situation fallen lassen.

Sanftmut ist friedvolle Stärke, die Menschen hilft.

Kennst du Menschen mit dieser Ausstrahlung? Wenn sie den Raum betreten, fühlt man sich irgendwie sicherer.

Sie müssen sich nicht bemerkbar machen. Sie strahlen auch so eine gesunde Autorität und Sicherheit aus. Diese Menschen ruhen in sich. Sie nutzen ihre Stärke nicht zur Kontrolle oder Manipulation. Sie sind anderen positiv zugewandt.

Durch Gottes Geist ist diese Energie in dir.

Sie kann zur Sanftmut werden, wenn du damit anderen dienst. In dem Maße, wie du vom Bedürfnis nach Kontrolle und Manipulation freier wirst, kannst du anderen wirklich dienen.

Gott benutzt für diesen Prozess die beiden größten Lehrer deines Lebens:

Liebe und Leid.

Nur Liebe und Leid sind stark genug, um dein Kontrollbedürfnis zu durchbrechen.

Leid möchte ich an dieser Stelle so definieren:

„Du leidest, wenn du Kontrolle verlierst."

Wenn du große Liebe oder großes Leid erfährst, ist es viel einfacher für dich, Kontrollmechanismen aufzugeben. *Liebe* führt in die Erfahrung der Einheit und weitet auf diese Weise dein Leben. *Leiden* dehnt dich auf eine andere Weise. Hier wirst du gegen deinen Willen in die Weite geführt. Deshalb erfährst du diesen Prozess als Leid. Aber auch durch diesen Prozess kannst du lernen deine destruktiven Abwehrmechanismen langsam loszulassen. Meist hast du auch gar keine andere Wahl.

Leiden kann uns in zwei Richtungen führen: Zur Verbitterung oder zu Offenheit, Sanftmut und Mitgefühl. Es kann dich an deine wirklichen Grenzen führen, durch die du lernst loszulassen und dadurch in „die Hände des lebendigen Gottes fällst" (Hebr. 10,31)

Jesus erlebte diesen Weg bis zum Bittersten. Er wurde von einem seiner besten Freunde verraten. Seine Gegner schlugen, folterten und töteten ihn äußerst brutal. Diese schrecklichen Stunden führten Jesus vom aktiven Tun zum Leiden. Jahrelang lehrte Jesus, er heilte Kranke, speiste Arme und tröstete Verwundete. Das war ein wichtiger Teil seines Lebens. Aber die letzte Konfrontation mit dem Bösen vollzog sich nicht durch sein aktives Tun, sondern durch das, was er an sich geschehen lies.

Das verdeutlicht, dass die prägende Kraft für innere Veränderung in deinem Leben nicht dein Tun ist. Entscheidend ist nicht deine Weisheit oder das, was du mit deiner Kraft hervorzubringen vermagst. Innere Verwandlung geschieht durch das, *was dir widerfährt und wie du darauf reagierst.*

„Sei still. Tue nichts. Der Frühling kommt von selbst".

Nach seiner Auferstehung erklärte Jesus Petrus eindringlich:
„Ich versichere dir: Als du jung warst, konntest du tun, was du wolltest, und hingehen, wo es dir gefiel. Doch wenn du alt bist, wirst du deine Hände ausstrecken, und ein anderer wird dich führen und hinbringen, wo du nicht hingehen willst. " Johannes 21,18

Das ist kein angenehmer Gedanke. Wir wollen unser Leben lieber selbst gestalten und Kontrolle behalten.
Gottes Einladung aber heißt: Lasse los und du wirst gehalten!

Der nächste Schritt

Wenn wir lernen, so auf Gott zu vertrauen und vom Ihm geführt zu werden, dann besteht der nächste Entwicklungsschritt
unserer Seele darin, uns selbst zu trauen. Du kannst dir selbst
trauen, weil Gott dir traut, und weil er deinen Weg, deine Erfahrung gebrauchen will. Wenn das mal keine gute Nachricht
ist!

Dein Weg ist wichtig, und Gottes Liebe zu dir ist immer
bedingungslos und normalerweise einseitig. Deshalb kannst du
loslassen und musst dein und das Leben anderer nicht kontrollieren.

Gott ist ein Liebhaber, der alles annimmt und alles vergibt.
Das Leben Jesu war ein einziges Ausrufezeichen hinter dieser
Aussage. Als die Samaritanerin mit ihren fünf Ehemännern zu
ihm kommt, hält er ihr nicht erst mal seine moralischen
Grundsätze vor. Er überprüft nicht, wie viele Gebote sie gehal-
ten und wie viele sie übertreten hat. Er nimmt sie mit ihrer
Geschichte an und sendet sie dann aus, damit sie die gute
Nachricht in ihrem Dorf verbreitet. So hat Jesus die Menschen
angenommen. Er nahm ihre Geschichte an, und dann richtete
er sie aus auf die Liebe und die Freiheit.

Kann die Liebe Gottes wirklich so groß und so allumfas-
send sein? Ist das Leben vielleicht eine einzige, große Schule
der Liebe? Ich glaube, dass es so ist. Liebe ist der Unterrichts-
stoff, und durch friedvolle Stärke wird Gott sie uns allen letztlich beibringen.

Praxis

Fragen:

- Gibt es zur Zeit Situationen oder Umstände, in denen du loslassen solltest?
- Wo bist du versucht, Menschen oder Situationen zu kontrollieren oder manipulieren? Welches Bedürfnis steckt dahinter?
- Wie würde es sich anfühlen, Gott die Kontrolle zu überlassen?

Übung:

Beim Beten mit Worten drücken wir uns Gott gegenüber aus. Unseren Dank, unsere Bitten, unsere Anbetung... Beim schweigenden Gebet geht es darum, die Antwort Gottes zu erfahren. Ich erkenne an und freue mich darüber, dass ich Geliebte oder Geliebter bin, aus dem Nichts erschaffen. Ich sitze da, zufrieden wie ein Kind auf dem Schoss seiner Mutter.

Es bedeutet aber auch, zu warten. Wenn ich mit Worten bete, kann ich den Fluss des Geschehens mit meinen Worten kontrollieren. Beim schweigenden Gebet verlasse ich die Kontrolle und erfahre meine Abhängigkeit spürbarer. In der Stille können unsere tiefsitzenden Muster von Kontrolle, Angst, Langeweile usw. auftauchen.

Als Jesus vom Geist in die Wüste geführt wurde, tauchten als erstes die wilden Tiere auf. Deshalb wagen sich die meisten Menschen nicht in die Wüste und geben diese Gebetsform wieder auf.

Jesus lehrte uns das Beten aber so: *„Geh in dein Kämmerlein und schließe die Tür hinter dir zu."* (Mt. 6,6).

Ich möchte dich in diesem Kapitel ermutigen, in deiner Gebetszeit Momente der Stille einzubauen. Erwarte hier nichts Großes oder Beeindruckendes. In diesen Minuten geht es nicht um dich. Es geht um die Erfahrung, dass du Teil eines viel Größeren bist, dem du immer tiefer vertrauen kannst.

Wenn du magst, kannst du deinen Atem mit dem Wort: „Loslassen" verbinden.

Einatmen: „Los"

Ausatmen: „Lassen".

Versuche das ein paar Tage und beobachte, was geschieht.

Weitere Übungen und Inspirationen unter

www.Werdewasdubist.info

Sanftmut

Im Herzen von der Liebe Träumende
irren wir, durch den nebligen Schleier
dieser Welt
Verfolgt und angeklagt von allen Seiten
Dennoch geführt durch den Hauch einer Stimme
elend, verraten und verdurstet
Bis ins Mark getroffen und verwundet
zuzeiten bis auf die Grundfesten erschüttert
Um zu sehen, was am Ende übrigbleibt
niemand kann es rauben und kein Feuer
verbrennen:
Was Gottes Liebe in uns formte
Geprüft und geläutert im Schmelzofen
des Lebens
der Grund unseres Daseins.

Susanne von Wille

*„Die Ehrfurcht vor dem Herrn ist der Anfang
der Erkenntnis. Nur Narren verachten Weisheit und
Selbstbeherrschung."*
Sprüche 1,7

7. Dein göttliches Portrait:
   ## Selbstbeherrschung

Früher fuhr ich einen alten R4, das Gangsterauto mit Pistolenschaltung.

Dunkelblau, innen roch es nach modrigen Matratzen, die Kotflügel waren außen schön angerostet, so wie das bei einem R4 sein muss. Ich wohnte damals in einer Dachgeschosswohnung in Neuss, meiner ersten eigenen Bude. Es war die Zeit, in der ich das Leben entdeckte und auskostete.

Eines Nachts geschah ein Erlebnis besonderer Art. Gegen 3.00 Uhr morgens klingelte es an meiner Wohnungstür. Schlaftrunken öffnete ich und vor mir standen zwei Polizeibeamte.

Ob ich Jan von Wille sei und mir das Fahrzeug mit dem amtlichen Kennzeichen so und so gehöre usw.

„Ja, das war mein geliebter R4".

„Dann kommen sie schnell runter und fahren sie ihn von der Kreuzung weg."

Ich wollte es zuerst nicht glauben, aber tatsächlich hatte sich in der Nacht die Handbremse gelöst. Mein R4 rollte herrenlos die Straße herunter und blieb mitten auf einer Kreuzung stehen. Zum Glück war es 3.00 Uhr morgens. Es gab kaum Verkehr. Ein paar wenige Autos umkurvten ihn einfach.

Hin und wieder denke ich an dieses kuriose Ereignis.

Manche Menschen gestalten ihr ganzes Leben so. Ihre Bremsen sind gelöst. Sie folgen einfach der natürlichen Schwerkraft.

„Sorry, wenn ich dir im Weg stehe und dir Probleme bereite, aber so bin ich nun mal".

Bedürfnisse, Verlangen oder Gefühle sind für sie innerer Befehl zum Handeln.

Wenn du es fühlst, dann tu es!
Wenn du es willst, dann hol es dir!

Das ist die Maxime ihres Lebens.
Und die wird durch die unzähligen Botschaften der Werbung bestätigt und gefördert.

„Wenn du Gefühle unterdrückst, ist das ungesund. Sei treu zu dir selbst. Sei authentisch. Lebe deine Gefühle und Bedürfnisse aus."
„Tu, was du willst, Hauptsache es ist stimmig für dich und Ausdruck deiner Persönlichkeit."

Konkret kann das dann heißen:
„Wenn du deinen Ehepartner nicht mehr liebst, dann ist die Liebe halt erloschen. Du findest sicher einen neuen, bei dem du wieder Liebe empfinden kannst."

Das ist die Lebensphilosophie vieler Schlagerlieder. Bei diesem Lebenskonzept bestimmen Gefühle und Verlangen meine Entscheidungen.

Aber – und hier kommt die große Schwierigkeit:
Deine Gefühle sagen nicht immer die Wahrheit! Gefühle und Stimmungen sind erst einmal die körperliche Reaktion auf deine Wahrnehmung. Was du wahrnimmst und wie du dies interpretierst, löst bestimmte Gefühle in dir aus. Aber diese sagen noch nichts über die „Wahrheit" aus.

Manche Menschen fühlen sich nicht von Gott geliebt. Ich habe vielen traurigen Geschichten zuhören müssen, wie eine belastete Kindheit das Gottesbild verzerrte.

Menschen, die mit einem tyrannischen Vater oder einer manipulierenden Mutter aufgewachsen sind, haben es oft schwer, einem liebenden Gott zu begegnen. Sie können mit einer bedingungslosen Liebe nichts anfangen, da ihnen zu wenig Anknüpfungspunkte aus ihrer Vergangenheit zur Verfügung stehen.

Sie *„fühlen"* sich nicht geliebt von Gott.

Diese Erfahrung ist leider nicht selten und braucht in der Regel einen Weg der Heilung. Aber es handelt sich nicht um die „Wahrheit". Es drückt nur eine persönliche, individuelle Erfahrung aus. Denn in Wahrheit ist jeder Mensch geliebt, auch wenn Gefühle etwas anderes sagen.

Seit 15 Jahren wohne ich in einer Art Lebensgemeinschaft mit 4 Familien im Großraum Mainz. Auf unserem Gelände leben 11 Kinder. Als die Jungs im Alter waren, mit Schwertern und Lanzen durch die Gegend zu marschieren, machten wir eine kleine Wanderung. Wir deklarierten dies als Jagdausflug, sodass die Jungs ihre Waffen mitnahmen. Während die Gruppe geschlossen unterwegs war, fühlten sich die Jungs gut und stark. Da wurden Siegeslieder gesungen und Heldengeschichten erfunden. Am späten Nachmittag machten wir uns auf den Heimweg. Es wurde düster auf den Feld- und Waldwegen. Ich wollte den Mut der Kids testen und versteckte mich unbemerkt hinter einem Busch. Die wilde Rotte näherte sich laut durcheinander redend. Aus meinem Versteck heraus brüllte ich lauthals wie ein Bär ohne mich zu zeigen. Sofort wurde es still in der Gruppe. Die kleineren Kinder huschten schnell in den Hintergrund, die älteren hielten ihre Waffen hoch und bildeten eine Verteidigungslinie. Hut ab! Mir hat das riesigen Spaß gemacht, zumal ich ziemlich gut wie ein Bär brüllen kann.

Nach einer Weile bin ich aus meinem Versteck gekrochen und habe mich als „Papa" zu erkennen gegeben.

Als die Jungs sahen, dass es kein Bär war, veränderte sich ihr Gesichtsausdruck. Die Gefühle legten sich. Später behaupteten sie großspurig, sie hätten ohnehin nie an einen wirklichen Bär geglaubt.

Nun gut. Aber auch diese kleine Geschichte zeigt: Gefühle verändern sich, wenn sich die Wahrnehmung ändert.

Gefühle beeinflussen dein Leben und deine Entscheidungen. Aber sie sollten nicht alleinige Grundlage sein. Deshalb hat uns Gott noch andere Möglichkeiten gegeben.

Mein alter R4 besaß nicht viele Optionen. Als sich die Bremsen lösten, rollte er einfach drauf lost. Kein Lenkrad steuerte die Richtung, keine Gangschaltung drosselt das Tempo. Er folgte einfach dem Gesetz der Schwerkraft und blieb irgendwann – leider an einem unpassenden Ort – stehen.

Menschen, die primär von Gefühlen und Bedürfnissen geleitet werden, ähneln meinem alten R4. Sie können einen erfrischenden Eindruck machen. Sie sind oft spontan und emotional. Sie haben viele Stärken. Aber auf lange Sicht werden sie problematisch. Ihre Beziehungen zerbrechen leicht. Oft sind sie unzuverlässig, können Versprechen nicht einhalten und leiden selbst darunter.

Gottes Antwort auf diese Tendenz heißt

Selbstbeherrschung.

Wahrscheinlich ist es die Wirkung des Geistes, die am wenigsten Begeisterung hervorruft. Diese Qualität schließt die Liste des Galaterbriefes ab. Oder anders ausgedrückt, sie rahmt gemeinsam mit Liebe dein göttliches Potential ein.

Das Leben aus dem Geist Gottes ist kein fremdgesteuertes leben. Der Geist Gottes kontrolliert nicht dein Leben, sondern will zu einem kraftvollen, kreativen und reifen Leben bevollmächtigen.

Er will dich zu einem mündigen Menschen machen, der das Leben selber steuern kann. Bei dem Bremsen und Lenkrad funktionieren und der einer bestimmungsgemäßen Richtung folgt.

Hier möchte ich dir eine Definition für Selbstbeherrschung geben:

Handeln nach den Werten Jesu.

Das klingt etwas anders, als die allgemeine Definition. Denn ich betone nicht nur den Willen. Es geht mir um Vision oder Richtung für dein Handeln.

Selbstbeherrschung, die durch Gottes Geist in dir wirkt, bedeutet Lebenskraft und Freiheit für eine bestimmte Ausrichtung.

Diese innere Kraft kann Zweifel überwinden, Chaos beseitigen, Unordnung auflösen und vieles mehr. Durch diese Kraft wird deine Leidenschaft verstärkt. Durch den Blick auf das Leben Jesu erfährst du eine klare Orientierung. Alles in allem eine perfekte Kombination.

Lange Zeit hatte ich Probleme mit überhöhtem Fernsehkonsum. Kam ich spät abends nach einer intensiven Sitzung nach Hause, gab es für mich nichts was entspannender war, als eben noch die Spätnachrichten zu sehen. Anschließend kam ein interessanter Spielfilm und da ich ohnehin schon im Sofa saß, blieb ich auch da auch sitzen. Und so wurde es plötzlich 1 Uhr nachts, was sich natürlich auf den darauffolgenden Morgen auswirkte. Ich war müde und besaß wenig Energie. Ich musste eine schlechte Gewohnheit eingestehen und dass ich diese nicht einfach abstellen konnte.

Dieses Eingestehen war wichtig und ein erster Schritt. Danach trug ich den Fernseher vom Wohnzimmer in den Keller. Das war tatsächlich ein kleiner Durchbruch. Ich erfreute mich fortan über einen gesünderen Schlaf und das Ausgeruht sein am Morgen.

An das Lebensgefühl ohne Fernseher gewöhnte ich mich nicht nur, es gab mir ein neues Lebensgefühl. Ich spürte die Kraft der Selbstbeherrschung. Sie ist wie ein Muskel, welcher sich durch viele kleine und große Entscheidungen aufbaut und stärkt. Dieser Muskel ist wichtig, denn täglich sind wir dem ausgesetzt, was die Bibel „Versuchung" nennt.

Oskar Wilde formuliert es so:

„Der schnellste Weg um aus der Versuchung herauszukommen ist, ihr nachzugeben."

Nun ja, das ist sicher kein guter Rat. Versuchungen nachzugeben lösen sie nicht, sondern ziehen tiefer hinein.

Praxis

Hier möchte ich dir 3 Hilfen mitgeben, wie du die Kraft der Selbstbeherrschung in dir entfalten kannst.

1. Durchatmen.

Wenn Du einen starken Impuls spürst, von dem du bereits aus der Vergangenheit her weißt, dass es sehr schmerzlich wird, wenn du ihm nachgibst, versuche die Atem-Methode. Atme erst einmal tief durch und zähle bis Zehn. Setze oder stelle dich dazu aufrecht hin, die Schultern gerade. Nun versuche nur durch die Nase in den Bauch zu atmen – ohne dass sich der Brustkorb hebt. Atme nach der 4-6-8-Methode: Langsam und tief einatmen, bis vier zählen, die Luft anhalten, bis sechs zählen, langsam durch den Mund ausatmen und bis acht zählen. Das Ganze wiederhole mindestens fünf Mal. Diese einfache Übung bremst erst einmal die Wucht einer starken Versuchung. Der Auslöser ist damit zwar noch nicht unter Kontrolle – aber du vermeidest Kurzschlusshandlungen, die du später vielleicht bereust.

2. Analysieren.

Mache jetzt einen gedanklichen Schritt zur Seite und frage dich, warum du diese starke Lust verspürst oder unbedingt so handeln möchtest. Das Gegenteil von Selbstbeherrschung ist Fremdbeherrschung. Frage dich also, wer oder was in dir in so heftige Schwingungen versetzt und warum. Der gedankliche Abstand schärft den Blick für das große Ganze und gibt dir Souveränität und Handlungskontrolle zurück.

3. Einordnen und Umdenken

Denke jetzt langfristig. Rache zum Beispiel oft der erste Impuls auf ein Ärgernis. Rache hat aber noch nie ein Unrecht gut gemacht, sondern hat sich meist selbst gerächt. Wenn du deinen Blick in die Zukunft und die Folgen richtest, wird deine Wahrnehmung ausbalanciert. Mit etwas Abstand kannst du überlegen, was Jesus in dieser Situation tun würde.

Durch den Geist Gottes hast du die Kraft der Selbstbeherrschung in dir. Das heißt, du kannst Versuchungen wiederstehen. Vielleicht wird es in manchen Lebensbereichen ein intensiver Kampf. Aber bedenke, dass Gottes Geist stärker ist, als alle anderen Kräfte.

Während du der Versuchung widerstehst, wird in dir göttlicher Charakter aufgebaut.

Selbstbeherrschung

Die Kunst, ein Segel auf dem Meer zu führen,
die Mitte aus der Bewegung von Widerstand und
Ergebung.

Susanne von Wille

ZWEITER TEIL

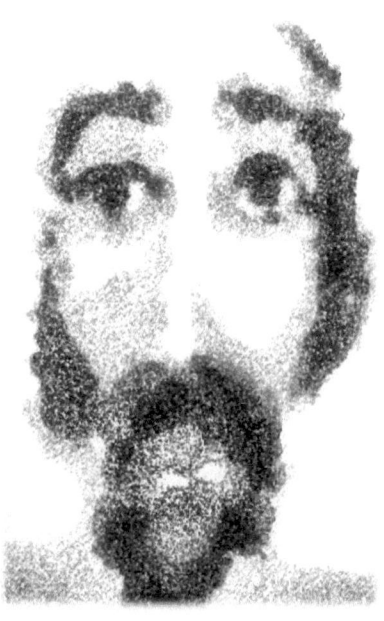

Ich erkannte, das am Ende jeden Traumes
Dein Gesicht wartete.
Wenn dein Gesicht in mir wohnt,
werden alle Träume folgen.

Susanne von Wille

Gotteserfahrung in der Wüste und auf dem Berg

Wir haben uns bisher darauf konzentriert, was Gottes Geist zu deinem Herz spricht:
die Offenbarung, wer du in Christus bist.

Ich ermutige dich, die Kapitel und Übungen immer wieder auf dich wirken zu lassen, bis sie Teil deines Herzens sind.

Damit diese Wahrheiten dein Inneres prägen und du immer mehr dein wahres Selbst erkennst, formt Gott dich noch auf andere Weise.

Die Bibel berichtet von zwei Erfahrungsebenen, die Menschen mit Gott machen. Sie sind unterschiedlich, bedingen aber einander. Gemeinsam sind sie ein geistlicher Schatz und eine transformierende Kraft. Sie machen reife Spiritualität aus.

Ohne diese Transformation gründet sich dein Glaube auf Gedanken und Verhalten. Natürlich ist es wichtig, was du glaubst und wie du dich verhältst. Aber Christ wirst du nicht durch Glaubensüberzeugungen oder Verhaltensweisen.

Die Bibel nennt zwei Orte der Transformation. Jeder besitzt einen spezifischen Aspekt.

Der Berg
Die Wüste

Der Berg

Berg- oder Gipfelerfahrungen sind voller Licht, Erkenntnis und Zuspruch. Bekannte Berge mit entsprechenden Ereignissen waren der Berg Horeb, der Sinai, Tabor oder der Berg der Seligpreisung und Verklärung. Mose, Elia, Daniel, Jesus – auf ihren Gipfelerlebnissen haben sie Gottes Zuspruch erfahren, wurden sie erleuchtet und empfingen Klarheit über ihre Berufung und Identität.

Davon handelt der erste Teil dieses Buches.

Die Wüste

Ebenso häufig wie Gipfelerfahrungen sind Wüstenerfahrungen. Wüstenerfahrungen stehen nicht für Klarheit und Gewissheit, sondern für Schweigen, Abwesenheit, Fragen und Suchen.

Gott und göttliche Wahrheiten kannst du nicht mit dem Verstand erfassen. Gott will auch kein bloßer Gegenstand deines Wissens sein. Du kannst ihn nicht erkennen, wie beispielsweise einen Sonnenaufgang oder eine Schafherde auf der Weide.

Dazu bedarf es spiritueller Reife. Und die entsteht durch die Klarheit des Zuspruchs auf dem Berg in Verbindung mit der Dunkelheit des Nichtwissens in der Wüste.

Meiner lichtvollen und von Klarheit geprägten „Bekehrungsphase", in der ich die Kraft der Identität in Christus erfuhr, schloss sich eine Lebensphase an, die ich mit *„Staunen"* beschreiben möchte.

Darüber geht es in diesem zweiten Teil.

Staunen

Ich entstamme einem alten Künstlergeschlecht. Mein Familienstammbaum zählt fünf Generationen Kunstmaler vor meiner Geburt auf. Die Leidenschaft für Malerei wurde mir sozusagen in die Wiege gelegt.

Mit 16 Jahren wurde meine Leidenschaft konkreter. Ich befand mich in der Ausbildung zum Goldschmied. Aber das war für mich bloßes Handwerk. Ich wollte tiefer in die Kunst einsteigen. Hier spürte ich eine Verbindung zur Philosophie, zu den großen Fragen des Lebens, ja, zum Sinn des Lebens.

Über Freunde bekam ich ein Atelier zur Verfügung gestellt. Fortan investierte ich meine Ausbildungsvergütung in Ölfarben, Pinsel und Leinwände. Wie ich die Stunden im Atelier genoss!

Ganze Nächte verbrachte ich dort. Heute würden wir vom „Flow-Erlebnis" sprechen. Eine Arbeit, in der man aufgeht und die Zeit vergisst.

Die Ruhe und der Geruch frischer Ölfarbe. Der Moment, in dem der Pinsel mit dem ersten Farbton auf die weiße Leinwand aufsetzt.

Und dann die geheimnisvollen Namen der Farbtuben: „Königspurpur", „Amethystviolett", „Koronagelb" ...

Die Welt der Kunst übte eine starke Faszination auf mich aus, nicht nur weil ich Verbindung zu meinen Vorfahren spürte. Ich spürte die Schönheit und den Sinn des Lebens.

Denn was wären wir ohne Kunst und Kultur?

Was würde vom Leben übrig bleiben, wenn wir nicht mehr über einen Sonnenaufgang staunen könnten? Wenn uns der Duft einer Rose nicht mehr berührte? Wenn wir beim Hören einer Sinfonie nicht genüsslich die Augen schließen könnten?

Übrig blieben Funktionalität, kühle Begriffe und Definitionen.

Aber Schönheit kann nur mit den Sinnen wahrgenommen werden. Ansonsten ergeht es dir wie dem Bauern, der von seiner kleinen Tochter zum Waldrand geführt wird. Atemlos ruft das Mädchen: Sieh nur wie schön die Sonne untergeht! Und der Bauer schaut sich um und fragt: Schönheit? Wo ist sie denn, die Schönheit?

Zugang zur Kunst bekommen wir – ähnlich wie in der Theologie – über das Staunen.

Manchmal werde ich gefragt, was ich mit meinen Bildern ausdrücken will. Meist antworte ich darauf:

„Wenn ich es sagen könnte, würde ich es in Textform ausdrücken."

Aber ein Kunstwerk ist keine Antwort auf eine Frage. Ein Kunstwerk will wahrgenommen werden. Wahrnehmen ist nur möglich, wenn ich meine festgelegte Interpretation und gedankliche Vorstellung überwinde. Ich muss mich für das Neue und Unbekannte öffnen wollen.

Die Reise

Damals begeisterten mich die Surrealisten Dali, René Magrit und Yves Tanguy. Ihre flüssigen Formen und traumartigen Gebilde, die sich fast psychodelisch zwischen Fantasie und Wirklichkeit hin und her bewegten.

Vieles davon drückte meine damalige Lebensatmosphäre aus.

Mit einigen Freunden initiierte ich einen Künstlerclub, wobei wir uns auch philosophisch mit Kunst auseinandersetzten. Kunst war für uns Lebensausdruck, Way of life. Wir veranstalteten Kunstaktionen auf der Straße und hatten eine Botschaft. Wie alle einflussreichen Künstlervereinigungen waren auch wir beseelt und überzeugt von unserem Kunstverständnis.

Regelmäßige Kunstaustellungen veranstaltete auch eine städtische Galerie. Allerdings war deren Ausrichtung völlig gegensätzlich zu unserem Empfinden:

Abstrakte Malerei.

Für uns war das der Inbegriff von Dekadenz und Oberflächigkeit. „Möchtegern-Künstler" in unseren Augen, die nichts können und nichts zu sagen haben.

Einmal schmuggelten wir während einer Vernissage aus Protest ein „Möchtegern-Kunstwerk" in die Galerie. In meinem Atelier entstand ein „Anti-Kunstwerk" aus Holz, rostigem Draht, Bauschaum und Schnuller. Das Ganze erhielt noch einen gewaltigen Titel. Geschickt platzierten wir es neben den anderen „offiziellen" Kunstwerken. Die Täuschung gelang. Niemand fiel die Fälschung auf. Das war für uns natürlich der „Beweis" für den Kunstverfall heutiger Zeiten.

Jedoch: Ich entwickelte mich weiter.

Ein Schlüsselerlebnis war, als ich mein Malbrett in die Goldschmiede brachte. Das Malbrett diente als Unterlage, mit der ich Leinwände aufspannte, um sie mit Grundierung zu imprägnieren. Das quadratische Brett war mit Farbschichten übersät und verschmutzt. Als mein Goldschmiedemeister den Raum betrat, blieb er wie gebannt davor stehen. „Wow!" rief er aus. „Dieses Bild ist dir wirklich gelungen! Wie teuer ist es?"
Der Goldschmiedemeister hatte Schönheit wahrgenommen. Irgendetwas sprach ihn an. Er entdeckte eine Botschaft, die ihn tief berührte.

Dieses Erlebnis verdeutlichte mir, dass ein Kunstwerk nicht durch meine Ausdrucksform Berechtigung erlangt. Nein, das Bild selbst ist die Botschaft.

Später wurde ich inspiriert durch Miro, Hundertwasser und Kandinsky und öffnete mich in einem langen Sommer der abstrakten Malerei.
Diese Erfahrung war eine Art mystische Begegnung. Ich öffnete mich einer Welt, die mir gut bekannt und fester Teil meines Lebens war auf neue Weise. Ich ließ eine bestimmte Vorstellung los, um eine neue Perspektive zu gewinnen.

Jetzt konnte ich wieder Staunen. Staunen über die Spannung zwischen Statik und Dynamik einer Fläche. Über die Tiefenwirkung der Strukturen und Muster, wenn ich reine Pigmente in Verbindung mit Asche und Kleister auf die Leinwand auftrage und dadurch fließende Formen entstehen.

Schönheit und Gotteserfahrung

Alles Bedeutende fängt mit Staunen an.

Das galt für die Phase der Transformation meines Kunstverständnisses. Aber auch für die anschließende Sehnsucht nach einem tieferen und anhaltenden Gebet. Obwohl meine

Beziehung zu Gott vertraut und erfüllend war, spürte ich, dass etwas fehlte.

Wenn ich zur Ruhe kam, wurden Fragen laut.

Was ist mein Leben, wenn es nicht mit meinem Besitz und Tun ausgefüllt wird? Wer bin ich, wenn kein Projekt und keine Menschen mein Leben mit Geschäftigkeit füllen? Wenn nichts Besonderes passiert? Und wenn ich an nichts Großartiges denke? Was ist dann noch übrig von diesem Leben? Kann ich in mir ruhen oder flüchte ich in Genuss, Ablenkung oder Gedanken?

Je tiefer ich in mich hinein horchte, desto tiefer spürte ich Schichten, die von Gottes Gegenwart noch unerreicht waren. Ich fühlte mich getrieben und getrennt. In mir blieb die Ahnung, noch nicht ganz im Herzen Gottes angekommen zu sein.

Ich spürte, dass ich etwas loslassen muss, um eine neue Perspektive von Gott zu bekommen. Dabei halfen Staunen und Fragen.

Staunen über einen Gott, der in menschlicher Gestalt kommt und dabei doch Gott bleibt. Ehrfurcht über das Geheimnis, das wir Trinität nennen: Vater, Sohn und heiliger Geist, eine tanzende, liebevolle Beziehung. Sprachlos sein über die subtilen Gleichnisse und Aphorismen Jesu, die so indirekt und anfällig für Missverständnisse sind.

Staunen über die Person Jesu.
Ein Mann, der sich auf die intensivste und überwältigendste Weise der Gegenwart Gottes bewusst war und ihn als ABBA ansprach. Sein Leben war eine ständige Antwort auf die Liebe Gottes. Unendlich barmherzig und zugleich unendlich fordernd. Er sprach mit wilden Tieren in der Wüste und Naturgewalten auf dem Meer, heilte Kranke und feierte mit den Outlaws.

Wären wir ihm damals begegnet, hätte uns das wahrscheinlich ziemlich verwirrt oder herausgefordert.

Heute ist Jesus für viele gezähmt. Ja, er ist mein Erlöser,

Heiland, Sohn Gottes und Teil unseres Glaubensbekenntnisses. Wir haben das klar definiert. Aber selten staunen wir über ihn.

Bist du von Jesus noch verwirrt, erschrocken, beeindruckt? Ist er für dich Urgewalt, die in der Natur erfahrbar ist? Oder in der Stille eines Klosters. Oder in der Begegnung mit einem Menschen, die noch lange nach eurem Zusammensein nachklingt.

In diesem Sommer begann für mich auf tiefgreifende Weise eine Wüstenphase. Statt Klarheit und Gewissheit blieb Nichtwissen.

Ich erinnere mich noch gut an deren Anfänge. Ich saß auf meiner Terrasse und mein einziges Gebet bestand darin, dass ich das Wort

„Gott"

aussprach.
Recht leise, einfach so in den Abendhimmel hinein.
Wie ein Glockenschlag.
Mehr nicht.

Während dieser Abende wurde Gebet für mich zu einer Art „Stimmgabel". Einstimmen in Gottes Gegenwart. Mir wurde bewusst, dass ich im geistlichen Leben tatsächlich nichts weiter tun kann als mich auf Gottes Gegenwart einzustimmen.

Ab diesem Punkt zählt nicht mehr Denken. Es ist weit mehr als über Gott nachzudenken. Es geht um Achtsamkeit, innerer Empfänglichkeit und Gemeinschaft.

Augustinus sprach Gott so an:
„Du aber warst innerlicher als mein Innerstes ..."

Während dieser Zeit veränderte sich auch mein Gebet. Neben dem verbalen Gebet lernte ich das Beten ohne Worte. Mit meinem 40. Lebensjahr begann die Wende. Das ist ohnehin jener Zeitpunkt, in der man sein Leben bilanziert und hinterfragt.

In mir entstand eine ganze Menge Sehnsucht. Sehnsucht nach diesem rätselhaften, bedingungslos liebenden, alles erfüllenden Gott.

Die verborgene Herrlichkeit

Wenn du dieses Buch liest, nehme ich an, dass du auch eine tiefe Sehnsucht nach Gottes Gegenwart empfindest. Jeder Mensch, der diese Sehnsucht spürt, findet dafür eigenen Worte und vielleicht auch Gebete.

Vielleicht: „Herr, ich möchte mehr von deiner Herrlichkeit erkennen".

Es war Mose, der eine solche Sehnsucht verspürte und dieses Gebet sprach. Eine geheimnisvolle Stelle im Alten Testament. Gott ging an Mose vorüber, wobei Mose nur den Rücken Gottes sah.

In dunkler Sprache vermittelt der Bibeltext, dass Gott Sehnsucht sieht und darauf antwortet. Gott offenbart „etwas" von sich, aber niemals „alles".

Das gilt auch heute noch, obwohl du durch Jesus ein klareres Bild von Gott besitzt. Alles was du in Jesus siehst ist Gott. Aber nicht alles von Gott siehst du in Jesus. Gott ist weit größer als unsere Begriffe und Vorstellungen.

Warum ist das so?

Einerseits brauchst du Klarheit, Sicherheit und Identität. Das gibt deinem Leben Fundament und Ausrichtung. Andererseits ist ein Gegengewicht notwendig, damit du nicht erstarrst und dein Glaube unbeweglich bleibt. Die Bibel lehrt eine gesunde Ausgewogenheit zwischen Wissen und Nichtwissen. Sie wehrt sich gegen das Bedürfnis nach Absolutheit und Gewissheit, um sich dadurch „sicher" zu fühlen.

Ist deine Identität in Christus gesättigt, wird die spirituelle Reise zu unbekannten Grenzen deines Lebens möglich sein.

Du wirst Gott jetzt vermehrt in Bereichen begegnen, die sich durcheinander und unsicher anfühlen.

Wachstum und Reife brauchen keine schnelle Antworten bzw. Lösungen. Halte das Nichtwissen so lange aus, bis in dir etwas Neues entsteht.

Die Fragen lieben

Fragen stellen gehört existenziell zu deinem Menschsein. Nichts wirkt sich auf dein Leben stärker aus, als die Fragen die du stellst. Sie entscheiden darüber, wie oberflächlich oder tiefgründig du lebst. Sie spiegeln deine Werte, Bedürfnisse und Sehnsüchte wider.

Das gilt übrigens auch für Fragen, die du nicht stellst. Auch diese besitzen Auswirkungen.

Vielleicht stellst du dir die Frage, wer du bist oder wie deine Lebensgeschichte einzuordnen ist.

Die Antwort ist u. a. von der Kultur, dem Zeitgeist und deiner Biografie abhängig. Wenn du nicht die Frage nach dem Sinn des Lebens stellst, wirst du – ob bewusst oder unbewusst – Antworten übernehmen, die dir deine Umgebung vermittelt. Reife Spiritualität besteht aber nicht im unreflektierten Zitieren eines Glaubensbekenntnisses, sondern in persönlichen, leidenschaftlichen Fragen an den verborgenen Gott.

Antworten werden nie letzte Gewissheit bringen. Das ist auch gar nicht notwendig. Denn Fragen gleichen eher einem Treibstoff unserer Reise.

Mögliche Fragen sind:

Ursprung

Was ist der Ursprung meines Lebens? Warum gibt es mich überhaupt?

Identität

Wer bin ich? Wie bildet sich mein wahres Selbst und wie kann ich mir selbst treu sein?

Bestimmung

Was ist die treibende Kraft meiner Handlungen? Warum tue oder unterlasse ich etwas? Was ist die große Erzählung in meinem Leben und in der Weltgeschichte?

Der Tod

Was bedeutet der Tod für mich? Habe ich Frieden mit diesem Aspekt? Kann ich loslassen? Habe ich Angst?

Gemeinschaft

Zu wem gehöre ich? Wen liebe ich? Mit wem fühle ich mich verbunden? In welcher Gruppe fühle ich mich heimisch und warum? Kann ich gut alleine sein?

Das Böse

Warum gibt es Böses? Warum ist das Leben nicht gerecht? Warum leiden „gute" Menschen und warum geht es Bösen manchmal so gut? Was kann ich beitragen, das Böse zu verwandeln? Wie gehe ich mit Bösem um – im Leben anderer Menschen und in meinem eigenen Leben.

Heilung

Was ist Gesundheit und was ist Ganzheit? Wie gehe ich mit Krankheit und Begrenzung um? Wie erfahre ich Heilung?

Denken und Gotteserkenntnis

Glaube ich, durch mein Denken das Wesentliche von Gott erfassen zu können oder ist Gott Lichtjahre von meiner Vorstellung entfernt? Wie gehe ich mit Widersprüchen um? Gibt es eine oder mehrere Wahrheiten?

> *„Frage nicht, was die Welt braucht. Frage, was dich lebendig macht, und dann geh aus dir heraus und tu das. Denn das braucht die Welt: Menschen, die zum Leben erwacht sind."*
> Howard Thurmann

Sehnsucht und Geheimnis

Die zentrale Aussage dieses Buches besteht darin, dass unser Leben aus Licht und Dunkelheit besteht. Du brauchst Bergerfahrungen der Klarheit und des Zuspruchs. Klarheit über dein Sein, deine Identität und Bestimmung.

Und genau so führt Gott dich auch in die Wüste. Den Ort, in dem du loslassen und neue Fragen zulassen musst. Auf diese Weise wirst du reifen für ein wunderbares, abenteuerliches und geheimnisvolles Leben mit Gott.

Beide Phasen bedingen einander und wechseln sich ab – genau so, wie du es brauchst. Die Kunst besteht darin, ein Gespür für die jeweilige Phase zubekommen und sie zuzulassen. Die Dauer der Phasen kann niemand bestimmen oder kontrollieren. Und sie erfüllen eine Aufgabe, wenn du sie zulässt. Ihre Aufgabe besteht darin, dich immer tiefer in die Einheit mit Gott zu führen.

Diese Einheit geht nicht über Verstandesaktivität oder unseren Willen. Sie ist ein Geschenk.

„Denn nur so könnt ihr mit allen anderen Christen das ganze Ausmaß seiner Liebe erfahren,
die wir doch mit unserem Verstand niemals fassen können. Dann wird diese göttliche Liebe euch immer mehr erfüllen."
Eph. 3,18

Glaubensinhalte sind wichtig, aber sie werden durch den Verstand gelehrt und mit dem Verstand erfasst. Diese Art von Erkenntnis bleibt immer etwas außerhalb von dir. Viele Mystiker und auch das Hohelied Salomos betonen, dass man nur das wirklich erkennen kann, was man vorher geliebt hat.

Wissenschaftler erkennen zum Beispiel durch das Mikroskop, präzise aber distanziert. Menschen oder Gott zu erkennen braucht aber Nähe, sogar Intimität. Eine Verbundenheit im Innersten.

Deshalb können sich deine Beziehungen – ob zu Menschen oder zu Gott – nur vertiefen, wenn du bereit bist, dich im Innersten zu öffnen und dich dadurch verändern zu lassen.

Trauma, Sehnsucht und Einheit

Die Erfahrung der Einheit ist eine tiefe Sehnsucht in uns Menschen, denn wir kommen alle aus der unmittelbar erfahrenen Einheit.

9 Monate lebten wir in der völligen Verschmelzung und Verbundenheit mit unserer Mutter. Dieser Zustand ist unsere Urerfahrung und wird ebenso in den ersten Seiten der Bibel reflektiert.
Hier wird ein Garten beschrieben, ein Raum und ein Zustand der Einheit mit Gott und allem Sein. Das Trauma, der Schmerz der Trennung geschah in der Vertreibung aus eben diesem köstlichen Urzustand.

Jeder Mensch kommt aus dieser Erfahrung des Traumas und Trennungsschmerz und erfährt in seinem Leben diesen Schmerz auf unterschiedliche Weise wiederholt.

Der Moment der Bekehrung zu Gott, unserem Ursprung, wird deshalb so stark erlebt, weil er uns wieder in die ursprüngliche Einheit führt. Betonen wir in den Glaubensfragen jedoch Glaubensinhalte, die mit dem Verstand erfasst werden können und führen nicht in die Herzenserfahrung, sind wir wie neugeborene Babys, die bei einer Lehrerin statt bei einer Mutter aufwachsen.

Es fehlt der Körperkontakt,

die Berührung,

die Geborgenheit...

Reifung deines Gottesbild – erstes und zweites Feuer.

In der Regel beginnt die spirituelle Reise mit einer Art Gewissheit und Überzeugung.
Ich nenne es gern das *„erste Feuer"*.

Das Gottesbild entwickelt sich in dieser Phase oft entsprechend deiner Ideale. Wenn du z.B. ein freundlicher, geduldiger und vorsichtiger Mensch bist, wirst du in der Regel folgende Vorstellung von Gott haben:
Gott ist besonders freundlich, er ist äußerst geduldig und behutsam in seinem Wesen.
Bist du ein direkter, konfrontativer und genauer Typ, wird für dich Gott tendenziell besonders gerecht, eindeutig und klar sein.
Gott ist also die größere und machtvollere Ausgabe von dem, was du als Gut und Ideal verstehst.

Du wirst die Bibel auch mit diesem Filter lesen. Auf diese Weise entsteht ein klares Bild von Gott, was für den Beginn deines spirituellen Weges sehr hilfreich ist.

Der Übergang von solcher Selbstgewissheit zu einer reifen Spiritualität ist aber ungefähr so schwer wie der von der Verliebtheit zur Liebe. Die Landung nach dem Höhenflug ist nicht einfach. Wer diese Landung nicht schafft, kann enttäuscht und verbittert enden.

Meist beginnt die Verbitterung damit, dass man andere für seinen Absturz verantwortlich macht. So wie beim Ende einer Verliebtheit oft der Partner zum Schuldigen erklärt wird: *»Du hast mich so enttäuscht!«*

Beim religiösen Absturz sind die Schuldigen die Pfarrer, die Glaubensgeschwister oder Kirche – vielleicht sogar die Religion an sich.
Wenn du aber reifen willst, führt deine Reise durch die Enttäuschung hindurch in eine neue Weite und einer beständigen Glut im Herzen.

Das ist das *zweite Feuer*.

In diesem Feuer beginnt sich das Bild von Gott zu verändern, oder besser: zu erweitern.

Der Religionsphilosoph Martin Buber formulierte die drei Arten, wie wir über Gott reden und mit ihm in Beziehung treten können mit dem Begriff „die drei Gesichter Gottes".
Er beschrieb einmal Gott als ‚Naturhaftigkeit', zweitens als ‚Personhaftigkeit', drittens als ‚Geisthaftigkeit'. Also Gott in der ersten, in der zweiten und dritten Person.
Ein Beispiel soll das verdeutlichen. Nehmen wir den folgenden Satz: „Ich erzähle dir von meinem neuen Computer."
In diesem Satz sind drei verschiedene Perspektiven vorhanden: Ich, der ich erzähle. Du, mit denen ich mich austausche. Der Computer, über den gesprochen wird.

Der Witz ist, dass wir alles, was wir erleben, aus jeder dieser drei Perspektiven betrachten können. Probiere es einmal aus und du wirst entdecken: Das sind die drei grundlegenden Perspektiven, wie wir in der Welt sind.

Diese Erfahrungsweisen können wir auch auf Gott übertragen.

Ich beginne mit dem zweiten Gesicht, da es für uns vertrauter ist.

Das zweite Gesicht Gottes

Das ist Gott als liebendes Gegenüber, eine unsichtbare Person, die für uns sichtbar geworden ist in Jesus Christus. Das große Du, vor dem du staunend niederkniest. Gott als ewig gebende Quelle, den du in Andacht und Gebet erfährst.

Es ist überaus wichtig, Gottes Gesicht in dieser Weise zu kennen. Du lernst seine Stimme wahrzunehmen und auf sein Reden zu antworten. Mündliches Gebet, Anbetung, Bekenntnis – ohne diese Dimension wird unser Glaube schnell abstrakte Meditation und ich beschäftige mich eigentlich nur mit den höheren Stufen meiner selbst...

Wenn du sagst, Gott ist Liebe, dann nur, weil du ihn auch als dein Gegenüber lieben kannst.

Das dritte Gesicht Gottes...

ist das große unnennbare Es, das Göttliche, der Urgrund unserer Existenz. Gott als universelle Kraft, so wie er sich zeigt in der Schönheit der Natur und als Urgrund allen Seins. In jedem Kristall ruht die fantastische Struktur des Göttlichen. In jeder Rose wächst diese lebendige Kraft, jedes Reh fühlt in sich diese unbändige Lust zu leben. Gott, der alles durchdringt und umfängt. Gott, in den wir eingebettet sind wie in den luftgefüllten Raum, der uns umgibt. Paulus drückt es kurz so aus: „Damit Gott sei Alles in Allem" (1. Kor. 15,28)

Seitdem ich dieses Gesicht Gottes erfahren habe, spüre ich eine tiefgehende Verbundenheit mit Gott während meines Alltags. Es braucht immer weniger eine bestimmte spirituelle Praxis, um eine Verbindung mit ihm aufzunehmen. Die Natur, so wie ich sie durch meine Sinne wahrnehme oder auch Begegnungen mit Menschen sind für mich immer mehr *Gottesbegegnungen.*

Das erste Gesicht Gottes...

ist dir näher, als du dir selbst bist. Gott als dein ursprüngliches Selbst. Gott, der in dir Gestalt annimmt. Gott, der nicht getrennt ist von dir.

Kurz: Gott in der ersten Person ist das Bewusstsein in dir, das seine Identität mit dem Göttlichen erkennt.

Eine Erfahrung, die du im schweigenden Gebet, aber auch ganz spontan im Alltag erleben kannst. Das sind jene Momente, in denen du in Gott als deinem ursprünglichen Selbst ruhst und du mit ihm eins bist.

Jesus beschreibt diese Erfahrung im Johannesevangelium 17,23:

„Ich in ihnen und du in mir, auf dass sie zur Einheit vollendet seien, damit die Welt erkenne, dass du mich gesandt hast, und sie geliebt hast, so wie du mich geliebt hast. "

Seitdem mir auch dieses Gesicht Gottes näher gekommen ist, hat die Bedeutung von „Gegenwart Gottes" eine ganz neue Tiefe und Kontinuität bekommen. Paulus drückte es poetisch aus: *"Denn in ihm leben, weben und sind wir..."* (Apg. 17,28), oder aus göttlicher Perspektive heraus formuliert: *„...ein Gott und Vater aller, der über allem und durch alles und in allem ist."* (Eph. 4,6). Die Schöpfung und alles Sein ist dann ein Ausdruck Gottes, eine Erweiterung von Gott, durch die wir beständig mit ihm verbunden sind.

Wenn wir die Betonung darauf legen, dass Gott der „ganz andere" ist, transzendent und weit draußen, dann ist es nicht leicht, in eine beständige Einheitserfahrung mit Ihm zu kommen. Gebete wie „Heiliger Geist, komm" können sicherlich unsere Sehnsucht nach Gott ausdrücken. Es liegt jedoch die Vorstellung zugrunde: Ich bin hier und da ist Gott.

Aber wenn er „kommen" muss:

wo kommt er dann her?
Und wo geht er hin?
Und vor allem: wie lange bleibt er?

Die drei Gesichter Gottes.

Gott im Gesicht der Natur und der Kultur. Gott im Gesicht Jesu. Gott als mein eigenes Gesicht.

Die Bibel spiegelt alle drei Gesichter. Leider wird häufig nur das zweite Gesicht vermittelt: Gott, das personenhafte Gegenüber.
Das wird unseren Erfahrungsmöglichkeiten von Gott jedoch nicht gerecht. Es entspricht auch nicht den drei grundlegenden Perspektiven, mit denen allgemein wahrgenommen wird. Wenn der Alltag bereits vielfältig gedeutet werden kann, warum dann nicht auch Gott? Jedenfalls ist Gott mehr als nur ein Gesicht.

Er selbst gibt sich den Namen „Ich bin, der ich bin" oder „Ich bin da, als der ich da sein werde".

Die drei Gesichter Gottes bringen Ganzheit in unsere Gotteserfahrungen. Sie können uns helfen, mehr von Gott in der Welt und in uns selbst zu entdecken

Welches Gesicht zieht dich besonders an? Mit welchem hast du Mühe? Verändert sich dein Zugang zu diesen Gesichtern je nach Lebenssituation und Lebensalter?

Der Moment

Wenn die Erfahrung der Einheit mit Gott in dir wächst, bekommst du ein Gespür für den Moment. Für dein Leben im Jetzt, in der Gegenwart ...

Wenn die Bibel den Namen Gottes als „Ich bin der ich bin" offenbart, dann ist Gott das Urbild von Identität. Und da er allgegenwärtig ist, füllt er mit seinem ganzen Wesen jeden Raum und jeden Moment aus.

Das Leben mit Gott ist nicht sequenziell, sondern dynamisch. Sequenziell heißt, dass alles in einem gewissen geordneten Nacheinander geschieht. Erst kommt das eine, dann das andere.

Meist erleben wir die Welt auf diese Weise. Alles hat einen Anfang und ein Ende. Deshalb können wir auch planen und uns Ziele setzen. Aber dein Leben mit Gott und deiner wahren Identität bedeutet, im Fluss des Lebens zu sein. Das Leben besteht nicht aus einer langen Aneinanderreihung von Ereignissen. Um dich herum geschieht tausend Mal mehr als das, was du wahrnehmen kannst.

Alles ist in Bewegung und verändert sich. Jede Sekunde sterben alleine in deinem Körper circa 50 Millionen Zellen ab und werden durch ungefähr 50 Millionen neuer Zellen ersetzt. Innerhalb von sieben Jahren ist die materielle Substanz deines Körpers vollkommen erneuert.

Kannst du dir das vorstellen? Ich bin also keine fest umrissene Person, die aus einem sicheren Standpunkt heraus die äußere Welt wahrnimmt, sondern in jedem Moment verändert sich das, was ich wahrnehme in alle erdenkliche Richtungen.

Und ich selbst, der ich nur Bruchteile davon wahrnehme, verändere mich ebenfalls ungeplant und unvorhersehbar.

Ohne die Verbindung zu Gott bedeutet das „Relativismus", Chaos und Bedeutungslosigkeit. Wenn ich die großen Bewegungen des Lebens aber in Verbindung mit Gott erlebe, werde ich nicht in ein Chaos gezogen. Ich kann mich begeisternd in den sprudelnden Lebensfluss hineingeben. Das befreit von einem Leben, welches von zahlreichen Aufgaben und Zielen gehetzt wird. Planung und Struktur sind wichtig. Aber bitte verpasse nicht den gegenwärtigen Moment, weil du außerhalb des Lebens bist und nur versuchst, das Äußere bestmöglich zu meistern.

Unser Leben ist verborgen mit Christus in Gott

Gott ist immer gegenwärtig. Er ist nicht in der Vergangenheit oder Zukunft sondern im Jetzt, in diesem Moment. Wie ein göttliches Hologramm können wir ihn in allen großen und kleinen Dingen dieses Kosmos erkennen. Im Gesang der Amsel, im Säuseln des Windes und im Plätschern eines Baches. Jedes Atom ist ein Buchstabe einer endlos laufenden Geschichte, mit der du durch deine Sehnsucht verbunden bist.

Vielleicht wird dir durch dieses Buch klarer, an welchem Punkt der Nachfolge du stehst. Ich hoffe, du hörst den lieben Ruf Gottes:

„Lass mich in dich hinein. Ich in dir und du in mir."

Lass durch dich jene einzigartige Geschichte entstehen, die Gott mit dir erzählen will:

Werde, was du bist!

„Willst du Beten nicht unterbrechen, unterbricht deine Sehnsucht nicht. Denn deine Sehnsucht ist dein immer währendes Gebet.

Wie das Wort Gottes in dir Kraft entfaltet

Es gibt verschiedene Möglichkeiten, die Bibel zu lesen: Man kann fortlaufend einen bestimmten Bibeltext lesen, einzelne biblische Worte bewegen (die Losungen), vielleicht sogar auswendig lernen oder sich mit dem „betrachtenden Gebet" mit allen Sinnen tiefer in Texte hineinbegeben.

Hier möchte ich dir das betrachtende und betende Lesen der Bibel kurz vorstellen.

Bei dieser Art und Weise an die Bibel heran zu gehen, steht nicht die Frage: „Was soll ich tun?", im Vordergrund, sondern Frage: „Wer bin ich?"

Bei dieser Lesart versuche ich die biblischen Texte als Bilder aufzunehmen, durch die Gott direkt in mein Herz sprechen kann.

Dabei sind folgende vier Schritte hilfreich:

- Die Lesung (lectio)
- Die Besinnung (meditatio)
- Das Gebet des Rufens (oratio)
- Das Gebet des Ruhens (contemplatio)

1. Die Lesung

Der erste Schritt besteht in der Lesung. Hier lese ich bewusst langsam einen kurzen Text aus der Bibel. Dabei möchte ich nicht meine theologischen Kenntnisse erweitern, sondern ich bereite mich auf eine persönliche Berührung vor. Ungefähr so, wie wenn ich einen Liebesbrief lese. Das, was ich dann als ein persönliches Wort empfinde muss nicht immer angenehm sein. Es kann auch eine schmerzliche Aussage enthalten, die in Liebe formuliert ist. Die leitende Frage bei diesem ersten Schritt ist also:

„Gott, was willst du mir hier und jetzt sagen?"

2. Die Besinnung

Damit ist in der frühen Kirche die einfache Wiederholung des Wortes gemeint. Ich lasse das Wort, das mich berührt hat in mein Herz fallen. Ich wiederhole es, ich kaue es wieder (die frühen Kirchenväter nannten die Meditation auch ruminatio - wörtlich: wiederkäuen). Es geht also darum, das empfangene Wort zu bewahren und im Herzen zu bewegen, so dass es die Tiefen der Seele immer mehr durchdringt.

3. Das Gebet des Rufens

Dies ist ein kurzes und spontanes Gebet, wie eine Art Antwort auf das Gelesene. Es kann Ausdruck meiner Sehnsucht sein, oder Dank, Erregung, Angst, Freude...

Es ist der direkte Schrei des Herzens zu Gott (wenn ich persönlich vom Wort angesprochen wurde, wenn eine wunde Stelle meines Lebens berührt wurde, wenn mich etwas reut, wenn mich etwas freut…)

4. Das Gebet des Ruhens / Eins-werden

Wenn mich ein Wort innerlich berührt hat, dann führt es mich in die Stille. Kontemplation kommt aus den Lateinischen „contemplari" und bedeutet „schauen" oder „Beschauung". Ich schaue auf den Grund des Seins, über die üblichen Begrenzungen durch den analytischen Verstand hinaus, ich schaue alles auf einmal, nicht nacheinander. Ich kann mein Leben nicht erklären, aber in der Tiefe meines Herzens weiß ich: es hat sich alles geklärt, alles ist gut so, wie es ist. Kontemplation ist Zustimmung zum Sein. Sie ist ein Ruhen, Spielen, Sabbatfeiern in der Gegenwart Gottes.

Ein Vers aus Psalm 131 drückt das Wesen der Kontemplation auf poetische Weise aus:

„Ich ließ meine Seele ruhig werden und still; wie ein kleines Kind bei der Mutter ist meine Seele still in mir."

In der christlichen Tradition gibt es ein schönes Bild, mit der die lectio divina beschrieben wird:
„ Stell dir eine Kuh auf der Weide vor. Zuerst zieht sie über die Wiese und rupft das Gras ab (lectio), dann legt sie sich im Schatten eines Baumes nieder und käut das Aufgenommene wieder (meditatio); schließlich produziert sie daraus Milch (oratio) und Sahne (contemplatio)."

Bibelverse

1. Liebe

Die Liebe ist langmütig und freundlich, die Liebe eifert nicht, die Liebe treibt nicht Mutwillen, sie blähet sich nicht, sie stellet sich nicht ungebärdig, sie suchet nicht das Ihre, sie lässt sich nicht erbittern, sie rechnet das Böse nicht zu, sie freut sich nicht der Ungerechtigkeit.
1. Kor. 13,4-5

Alle eure Dinge lasst in der Liebe geschehen!
1.Kor. 16,14

Über alles aber zieht an die Liebe, die da ist das Band der Vollkommenheit.
Kol. 3,14

Und wir haben erkannt und geglaubt die Liebe, die Gott zu uns hat. Gott ist die Liebe; und wer in der Liebe bleibt, der bleibt in Gott und Gott in ihm.
1. Joh. 4,16

In aller Demut und Sanftmut, in Geduld, ertrage einer den andern in Liebe.

Eph. 4,2

... dass er euch Kraft gebe nach dem Reichtum seiner Herrlichkeit, stark zu werden durch seinen Geist an dem inwendigen Menschen, dass Christus wohne durch den Glauben in euren Herzen und ihr durch die Liebe eingewurzelt und gegründet werdet, auf dass ihr begreifen möget mit allen Heiligen, welches da sei die Breite und die Länge und die Tiefe und die Höhe; auch erkennen die Liebe Christi, die doch alle Erkenntnis übertrifft, auf dass ihr erfüllt werdet mit allerlei Gottesfülle.
Eph. 3,16-17

Lasst uns lieben, denn er hat uns zuerst geliebt.
1. Joh. 4,19

Und wenn ich prophetisch reden könnte und wüsste alle Geheimnisse und alle Erkenntnis und hätte allen Glauben, sodass ich Berge versetzen könnte, und hätte die Liebe nicht, so wäre ich nichts.
1. Kor, 13.2

Der HERR aber richte eure Herzen zu der Liebe Gottes und zu der Geduld Christi.
2. Thess. 3,5

Das ist mein Gebot, dass ihr euch untereinander liebt, wie ich euch liebe.
Joh. 15,12

Niemand hat Gott jemals gesehen. Wenn wir uns untereinander lieben, so bleibt Gott in uns, und seine Liebe ist in uns vollkommen.
1. Joh. 4,12

So jemand spricht: "Ich liebe Gott", und hasst seinen Bruder, der ist ein Lügner. Denn wer seinen Bruder nicht liebt, den er sieht, wie kann er Gott lieben, den er nicht sieht? Und dies Gebot haben wir von ihm, dass, wer Gott liebt, dass der auch seinen Bruder liebe.   1. Joh. 4,20

Vor allen Dingen habt untereinander beständige Liebe; denn die Liebe deckt auch der Sünden Menge.
1. Petrus 4,8

Seid niemandem etwas schuldig, außer dass ihr euch untereinander liebt; denn wer den andern liebt, der hat das Gesetz erfüllt.
Röm. 13,8

Lasst uns aber wahrhaftig sein in der Liebe und wachsen in allen Stücken zu dem hin, der das Haupt ist, Christus,
Eph.4,15

2. Freude

Seid allezeit fröhlich, betet ohne Unterlass, seid dankbar in allen Dingen; denn das ist der Wille Gottes in Christus Jesus an euch.
1. Thess. 5,16

Denn der HERR, dein Gott, ist bei dir, ein starker Heiland. Er wird sich über dich freuen und dir freundlich sein, er wird dir vergeben in seiner Liebe und wird über dich mit Jauchzen fröhlich sein.
Zefanja 3,17

Freuet euch in dem Herrn allewege, und abermals sage ich: Freuet euch!
Phil. 4,4

Seid fröhlich in Hoffnung, geduldig in Trübsal, beharrlich im Gebet.
Röm. 12,12,

Ich freue mich im Herrn, und meine Seele ist fröhlich in meinem Gott; denn er hat mich angezogen mit Kleidern des Heils und mit dem Rock der Gerechtigkeit gekleidet, wie einen Bräu-

tigam, mit priesterlichem Schmuck geziert, und wie eine Braut, die in ihrem Geschmeide prangt.
Jesaja 61,10

Bisher habt ihr um nichts gebeten in meinem Namen. Bittet, so werdet ihr nehmen, dass eure Freude vollkommen sei.
Joh. 16,24

Freut euch mit den Fröhlichen und weint mit den Weinenden.
Röm.12,15

Dies ist der Tag, den der HERR macht; lasst uns freuen und fröhlich an ihm sein.
Psalm 118,24

Du tust mir kund den Weg zum Leben: Vor dir ist Freude die Fülle und Wonne zu deiner Rechten ewiglich.
Psalm 16,11

3. Frieden

Der HERR segne dich und behüte dich; der HERR lasse sein Angesicht leuchten über dir und sei dir gnädig; der HERR hebe sein Angesicht über dich und gebe dir Frieden.
4. Mose 6,24

Selig sind die Friedfertigen; denn sie werden Gottes Kinder heißen.
Matt. 5,9

Und ertrage einer den andern und vergebt euch untereinander, wenn jemand Klage hat gegen den andern; wie der Herr euch vergeben hat, so vergebt auch ihr!
Kol. 3,13

Das habe ich mit euch geredet, damit ihr in mir Frieden habt. In der Welt habt ihr Angst; aber seid getrost, ich habe die Welt überwunden. Joh. 16,33

Die Frucht der Gerechtigkeit aber wird gesät in Frieden für die, die Frieden stiften.
Jakobus 3,18

Jagt dem Frieden nach mit jedermann und der Heiligung, ohne die niemand den Herrn sehen wird.
Hebr. 12,25

Und der Friede Christi, zu dem ihr auch berufen seid in "einem" Leibe, regiere in euren Herzen; und seid dankbar.
Kol. 3,15

Was ihr gelernt und empfangen und gehört und gesehen habt an mir, das tut; so wird der Gott des Friedens mit euch sein.
Phil. 4,9

Seid stille und erkennet, dass ich Gott bin! Ich will der Höchste sein unter den Heiden, der Höchste auf Erden.
Psalm 46,11

Ein Geduldiger ist besser als ein Starker und wer sich selbst beherrscht, besser als einer, der Städte gewinnt.
Sprüche 16,32

Den Frieden lasse ich euch, meinen Frieden gebe ich euch. Nicht gebe ich euch, wie die Welt gibt. Euer Herz erschrecke nicht und fürchte sich nicht.
Joh. 14,27

Großen Frieden haben, die dein Gesetz lieben; sie werden nicht straucheln.
Psalm 119,165

Wie lieblich sind auf den Bergen die Füße der Freudenboten, die da Frieden verkündigen, Gutes predigen, Heil verkündigen, die da sagen zu Zion: Dein Gott ist König!
Jesaja 52,7

Ich liege und schlafe ganz mit Frieden; denn allein du, HERR, hilfst mir, dass ich sicher wohne.
Psalm 4,9

4. Geduld

In aller Demut und Sanftmut, in Geduld. Ertragt einer den andern in Liebe.
Eph. 4,2

Die Liebe ist langmütig und freundlich, die Liebe eifert nicht, die Liebe treibt nicht Mutwillen, sie bläht sich nicht auf, sie verhält sich nicht ungehörig, sie sucht nicht das Ihre, sie lässt sich nicht erbittern, sie rechnet das Böse nicht zu.
1. Kor. 13,4-5

Wer geduldig ist, der ist weise; wer aber ungeduldig ist, offenbart seine Torheit.
Sprüche 14,29

Seid fröhlich in Hoffnung, geduldig in Trübsal, beharrlich im Gebet.
Röm. 12,12,

Lasst uns aber Gutes tun und nicht müde werden; denn zu seiner Zeit werden wir auch ernten, wenn wir nicht nachlassen.
Gal. 6,9

Ein Geduldiger ist besser als ein Starker und wer sich selbst beherrscht, besser als einer, der Städte gewinnt.
Sprüche 16,32

Sei stille dem HERRN und warte auf ihn. Entrüste dich nicht über den, dem es gut geht, der seinen Mutwillen treibt.
Psalm 37,7

So zieht nun an als die Auserwählten Gottes, als die Heiligen und Geliebten, herzliches Erbarmen, Freundlichkeit, Demut, Sanftmut, Geduld.
Kol. 3,12

Der Gott aber der Geduld und des Trostes gebe euch, dass ihr einträchtig gesinnt seid untereinander, Christus Jesus gemäß.
Röm. 15,5

Harre des HERRN! Sei getrost und unverzagt und harre des HERRN!
Psalm 27,14

Darum harrt der HERR darauf, dass er euch gnädig sei, und er macht sich auf, dass er sich euer erbarme; denn der HERR ist ein Gott des Rechts. Wohl allen, die auf ihn harren!
Jesaja 30,18

Barmherzig und gnädig ist der HERR, geduldig und von großer Güte.
Psalm 103,8

Eins aber sei euch nicht verborgen, ihr Lieben, dass "ein" Tag vor dem Herrn wie tausend Jahre ist und tausend Jahre wie ein Tag.
2. Petrus 3,8

5. Treue

Wenn jedoch einige Gott die Treue gebrochen haben, wird dann etwa ihre Untreue die Treue Gottes aufheben?
Röm. 3,3

Gott aber, der uns und euch in der Treue zu Christus festigt und der uns alle gesalbt hat, er ist es auch, der uns sein Siegel aufgedrückt und als ersten Anteil am verheißenen Heil den Geist in unser Herz gegeben hat.
2. Kor. 1,21

Jesus Christus; er ist der treue Zeuge, der Erstgeborene der Toten, der Herrscher über die Könige der Erde. Er liebt uns und hat uns von unseren Sünden erlöst durch sein Blut;
Off. 1,5

Dann sah ich den Himmel offen, und siehe, da war ein weißes Pferd, und der, der auf ihm saß, heißt «Der Treue und Wahrhaftige»
Off. 19,11

Gerechtigkeit ist der Gürtel um seine Hüften, Treue der Gürtel um seinen Leib.
Jesaja 11,3

Nur die Lebenden danken dir, wie ich am heutigen Tag. Von deiner Treue erzählt der Vater den Kindern.
Jesaja 38,19

Ich werde mich über sie freuen, wenn ich ihnen Gutes erweise. In meiner Treue pflanze ich sie ein in diesem Land, aus ganzem Herzen und aus ganzer Seele.
Jer. 32,3

Du wirst Jakob deine Treue beweisen und Abraham deine Huld, wie du unseren Vätern geschworen hast in den Tagen der Vorzeit.   Micha 7,20

6. Sanftmut

...seid sanftmütig und nehmt euch das Wort zu Herzen, das in euch eingepflanzt worden ist und das die Macht hat, euch zu retten.
Jakobus 1,21

Nehmt mein Joch auf euch und lernt von mir; denn ich bin gütig und von Herzen demütig; so werdet ihr Ruhe finden für eure Seele.
Matt. 11,29

Durch die barmherzige Liebe unseres Gottes wird uns besuchen das aufstrahlende Licht aus der Höhe...
Luk. 1,78

Seid barmherzig, wie es auch euer Vater ist!
Luk, 6,36

...wer zum Trösten und Ermahnen berufen ist, der tröste und ermahne. Wer gibt, gebe ohne Hintergedanken; wer Vorsteher ist, setze sich eifrig ein; wer Barmherzigkeit übt, der tue es freudig.
Röm. 12,28

Seid gütig zueinander, seid barmherzig, vergebt einander, weil auch Gott euch durch Christus vergeben hat.
Eph. 4,32

Darum musste er in allem seinen Brüdern gleich sein, um ein barmherziger und treuer Hoherpriester vor Gott zu sein und die Sünden des Volkes zu sühnen.
Hebr. 2,17

Denn das Gericht ist erbarmungslos gegen den, der kein Erbarmen gezeigt hat. Barmherzigkeit aber triumphiert über das Gericht.
Jak. 2,13

Wir haben ja nicht einen Hohenpriester, der nicht mitfühlen könnte mit unserer Schwäche, sondern einen, der in allem wie wir in Versuchung geführt worden ist, aber nicht gesündigt hat.
Hebr. 4,15

Strebe unermüdlich nach Gerechtigkeit, Frömmigkeit, Glauben, Liebe, Standhaftigkeit und Sanftmut.
1. Tim. 6,11

...was im Herzen verborgen ist, das sei euer unvergänglicher Schmuck: ein sanftes und ruhiges Wesen. Das ist wertvoll in Gottes Augen.
1. Petrus 2,4

Deshalb sage ich dir: Ihr sind ihre vielen Sünden vergeben, weil sie (mir) so viel Liebe gezeigt hat. Wem aber nur wenig vergeben wird, der zeigt auch nur wenig Liebe.
Luk. 7,47

Und wenn er sich siebenmal am Tag gegen dich versündigt und siebenmal wieder zu dir kommt und sagt: Ich will mich ändern!, so sollst du ihm vergeben.
Luk. 17,4

Seid gütig zueinander, seid barmherzig, vergebt einander, weil auch Gott euch durch Christus vergeben hat.
Eph. 4,23

7. Selbstbeherrschung

Darum setzt allen Eifer daran, mit eurem Glauben die Tugend zu verbinden, mit der Tugend die Erkenntnis,
mit der Erkenntnis die Selbstbeherrschung, mit der Selbstbeherrschung die Ausdauer, mit der Ausdauer die Frömmigkeit, mit der Frömmigkeit die Brüderlichkeit und mit der Brüderlichkeit die Liebe.
2. Petrus 1,6

Die Ehrfurcht vor dem Herrn ist der Anfang der Erkenntnis. Nur Narren verachten Weisheit und Selbstbeherrschung.
Sprüche 1,7

Mein Sohn, lehne dich nicht dagegen auf, wenn der Herr dich zurechtweist, und lass dich dadurch nicht entmutigen
Sprüche 3,16

Wer eine Zurechtweisung annimmt, geht den Weg des Lebens, doch wer sie missachtet, führt andere in die Irre.
Sprüche 10,17

Der Herr freute sich sehr. `Gut gemacht, mein guter und treuer Diener. Du bist mit diesem kleinen Betrag zuverlässig umgegangen, deshalb will ich dir größere Verantwortung übertragen. Lass uns miteinander feiern!
Matt. 25,21

Sei bereit, als ein treuer Kämpfer für Christus Jesus zu leiden. Und keiner, der in den Krieg zieht, verstrickt sich in die Angelegenheiten des täglichen Lebens, um dem zu gefallen, der ihn in seine Armee aufgenommen hat.
Auch wer an einem Wettkampf teilnimmt, kann nur gewinnen, wenn er sich an die Regeln hält.
Bauern, die schwer arbeiten, erhalten als Erste Anteil an den Früchten ihrer Arbeit. Denke über meine Worte nach. Der Herr wird dir in all diesen Dingen das nötige Verständnis geben.
2. Tim. 2,3-5

Kontakt

Weitere Informationen über unsere Seminare und Publikationen findest du unter:

www.Lebenvertiefen.de

Wir lieben es, Menschen zu einem Leben in der Gegenwart Gottes zu inspirieren. In unserer Arbeit helfen wir Menschen, Körper, Seele und Geist für die Präsenz des Heiligen Geistes zu öffnen. So kann jeder Moment in unserem Leben kostbar und voller Geheimnisse werden.
Wir glauben, dass es eine Balance zwischen Kontemplation und Aktion geben sollte, um ein erfülltes Leben zu führen.
Wir glauben auch, dass es gut für die Welt ist, wenn mehr Menschen in Verbindung mit Gott leben, und aus der Kraft seiner Gegenwart ein Segen für andere sein können.

Wenn du in Kontakt mit uns treten, oder uns Rückmeldungen zu diesem Buch geben möchtest, kannst du das sehr gerne tun:

Info@Lebenvertiefen.de

Jan und Susanne von Wille